جدليات

اســـم الكتــاب	:	جـــــــــــــــدليات
تــــــأليف	:	يوســــــــف صـــــبري
تصـــميم الغـــلاف	:	ســـــــها عبــــدالنبي
الإخـــراج الفـــني	:	مـــريم محمـــد ســـيد
المـــدقق اللغـــوي	:	إيمـــــان أبوطالـــــب
تصـــنيف الكتـــاب	:	كتـــــــــــــاب
المقـــــــاس	:	14 × 20
إصـــــــدار	:	2024
رقـــم الإيـــداع	:	2024/8353
التـــرقيم الـــدولي	:	

مديرة الدار: حبيبة شبل

للتواصل: 01093187904

بيدج الدار:

https://www.facebook.com/profile.php?id=10008

4349646208&mibextid=ZbWKwL

جدليات

يوسف صبري

جدليات

First edition. 2024.

Written by يربص فسوي.

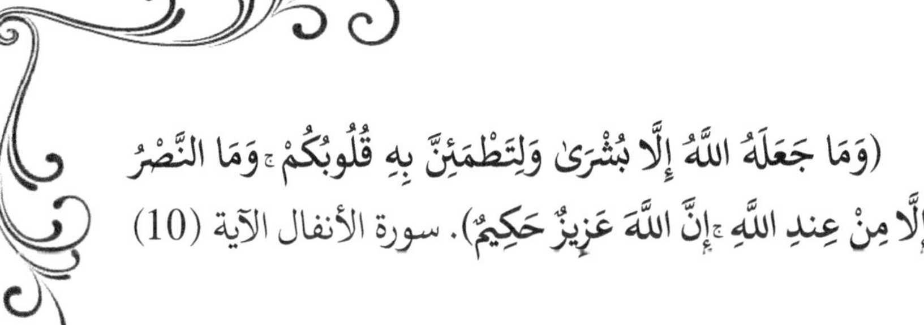

من مشرقها لمغربها ملكٌ لشعبها

القدس وحيفا وعكا شمالا

استحوذها مرضى يهود ملاعين

ونحن لهم مواجهون صلبانا

لا تأسفن على غدر الزمان

كما حق قول الشافعي زمانا

نحن العرب وليشهد العالم

علينا قصه حين لنعود روادا

الإهداء

أقوم بإهداء هذا الكتاب إلى الأمة الإسلامية أولًا، عسى أن ننفعهم بشيء ما قد أقدمه لهم، وعائلتي ثانيًا وخاصة أبي وأمي صاحبَي الفضل كله بعد الله عز وجل في تربيتي والتعب والكد لأجلي حتى يوفرا لي حياة كريمة، وإنشائي على مكارم الأخلاق، وأُشهد الله أنهم قد أديا ما عليهما على أكمل وجه وزيادة عن اللازم بكثير، وتعجز الكلمات عن التعبير عن مدى امتناني لهما، وأحب أن أذكر أربعة كان لهم بعض الفضل في لفت الذهن والانتباه إلى بعض الأفكار المدونة في هذا الكتاب وهم:

يوسف أحمد الصاوي

محمود سمير شاهين

أسماء سمير شاهين

خلود وجيد شاهين (لها الفضل في كتابة، وطباعة، وإتمام هذا الكتاب)

المقدمة

بسم الله الذي لا إله إلا هو رب العرش العظيم، والصلاة والسلام على نبيه الكريم الصادق الأمين.

أما بعد

لطالما كانت الطبيعة الفطرية للبشر تُظهر الاختلاف في كل شيء بداية من الشكل، واللون، وينطبق ذلك التباين على كل شيء حتى وصل بنا الاختلاف في الآراء، ووجهات النظر؛ فخُلقت العقول على طرق شتى باختلافات عامة، واتفاقات خاصة.

هناك العديد من القضايا والأفكار المُختلف فيها بين البشر؛ فنحاول عرضها في هذا الكتاب باستدلالات من الواقع، وأدلة من الكتاب والسنة، وبراهين من المنطق، ومراجع نابعة من عقل الإنسان، يتبعها اجتهاد ذهني خاص لمحاولة استخراج الفكرة والقول الصحيح عن هذه القضايا.

ولا ننسى ـ حقيقة أن كل اجتهاد إنساني قد يتحمل الخطأ أحيانًا، نظرًا لعدم عصمته.

لذا يمكن القول أن هذا الكتاب عبارة عن مجموعة من الأفكار الناتجة عن العصر الذهني المتعلقة ببعض القضايا الجدلية منسقة في عدة فصول في كتاب تحت عنوان: (جدليات) للكاتب «يوسف صبري السيد شاهين».

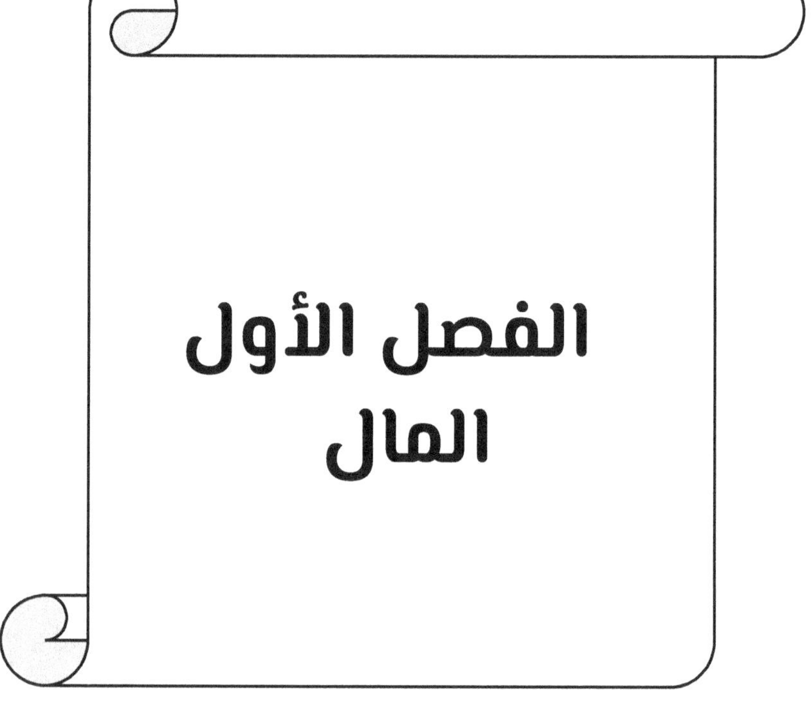

الفصل الأول
المال

المال

كان الله عز وجل وحده عندما لم يكن سواه فهو هناك منذ الأزل وسيكون تبارك وتعالى عندما لن يكون سواه فسيكون للأبد، فهو المولى والنصير، وهو الخالق والقدير، خلق آدم؛ ليخلفه فى الأرض، وخلق حواء من ضلع أعوج؛ ليسكن إليها، وجعل بإذنه لهم الذرية البشرية أبناء آدم وبناته.

عندما خلق الله عز وجل الإنسان فطره على مجموعة من السجايا، وجعل جزءًا منها رغبات، وميول، وحاجات لا إرادية، والتي تُعرف بالشهوات: كحب المال، والنساء، والبنين؛ فيقول الله تبارك وتعالى فى محكم التنزيل: (زُيِّنَ لِلنَّاسِ حُبُّ الشَّهَوَاتِ مِنَ النِّسَاءِ وَالْبَنِينَ وَالْقَنَاطِيرِ الْمُقَنْطَرَةِ مِنَ الذَّهَبِ وَالْفِضَّةِ وَالْخَيْلِ الْمُسَوَّمَةِ وَالْأَنْعَامِ وَالْحَرْثِ ذَلِكَ مَتَاعُ الْحَيَاةِ الدُّنْيَا وَاللهُ عِنْدَهُ حُسْنُ الْمَآبِ).

لم يُخْلق الإنسان محبًّا للمال فقط؛ بل خُلق محبًّا للكثير منه ولا يوجد حد أقصى؛ لذلك فمهما كسب الإنسان منه سيسعى جاهدًا للزيادة، ونرى ذلك بوضوح فى عالم الأغنياء الذين أصبحوا فى غنى عن أى زيادة في المال، ومهما جمعوا أكثر لن يعيشوا حياة أكثر جودة مما يعيشون الآن؛ لأنهم وصلوا لقمة الجودة، ولكنهم ما زالوا يسعون خلف المال، وهذا السعي لا يعني عدم الرضا؛ فالرضا أن تحمد ربك على عطائه، والطموح أن تسعى لعل الله يزيدك، فلا يتعارضان أبدًا، فمن أمرنا بالرضا أمرنا بالسعي، وتلك الزيادة ليست تحت سيطرة الإنسان، فالإنسان يسعى، والله يرزقه بالقدر الذي يشاؤه، فما من علاقة بين السعي والنتيجة؛ فقد ذكر أئمة الإسلام والمفسرين لكتاب الله أن هناك نوعان من الرزق: أحدهما مُبرم سيحصل عليه صاحبه لا محالة بسعى أو بدون، والآخر مُعلق على سعي الإنسان، إن

سعى عليه حصله وإن لم يسعَ لم يحصل شيئًا، ونحن لا نعلم نوعية الرزق القادم إلينا؛ لذلك نسعى فى كل الأحوال، ولكن لا يشترط أن يكون مقدار الرزق المعلق موازى لمقدار السعي؛ فقد يسعى أحدهم كثيرًا ويرزق قليلاً، والآخر قد يسعى قليلاً ويُرزق كثيرًا، قال تعالى: (وَاللهُ يَرْزُقُ مَنْ يَشَاءُ بِغَيْرِ حِسَابٍ)

كما نذكر أن أقوى الشهوات الإنسانية هى شهوة الجنس، ولكن أكثر الشهوات استدامة والتى شعورها لا يفارق الإنسان إلا قليلاً هى شهوة المال.

جعل الله جل فى علاه المال وسيلة وسببًا لتحقيق الغاية، فإن كانت غايتك الزواج المال يقضي لك غايتك، وإن كانت حاجتك فى السفر؛ فالمال يقضي لك حاجتك وإن كانت رغبتك فى الاستمتاع المال سيحقق لك رغبتك، وعندما لا يجد الإنسان في أي حين من الأحيان غاية ليحققها بالمال وهذا نادرًا جدًّا ما يحدث؛ لأن حاجات الإنسان متجددة دائمًا أو إن كثرت حاجاته وقل دخله لدرجة لم يعد فيها قادرًا على اتخاذ قرار اختيار الرغبة التي يجب إشباعها أولاً يتحول المال تدريجيًّا إلى غاية يسعى لها الإنسان حتى يتبين له غاية جديدة أو تقل رغباته الجمة؛ فيكون قاردًا على الاختيار؛ فيعود المال لطبيعته ويصبح وسيلة لتحقيق الغاية.

تبقى عقدة المال واختلاف الناس عليه وتنوع الآراء حوله؛ بسبب كونه الفارق الأول بين البشر؛ فيقسم المجتمع إلى طبقات، منها: الغني الراقي، ومنها المتوسط الأوسط من كل شيء، ومنها الفقير الذي افتقر للمال والتحضر، ومنها اختلاط الصفات ببعضها: كالفقير المتحضر، والغني الذي ينظر للعالم والبشرية نظرة السباع للغابات.

وتبعًا لأن الإنسان لا يقبل بالنقص بطبيعته ولا يقبل بحقيقة طبقية البشر إلا من آمن بوجود النقص، واقتنع بالطبقية وأنهما سنن الله فى

خلقه؛ فقد نشأت أجيالاً تقوم على اعتقاد بعدم أهمية المال على الإطلاق، وأن وجود المال لا يتميز بأي شكل من الأشكال من عدمه، ونشأت الأجيال على بعض المغالطات المفهومية التي أصبحت جيلاً بعد جيلٍ مسلمات وبديهيات يؤمن بها العقل بلا تردد أو تفكير.

إن أول المسلمات هي إذا ما ذُكر المال لدى أحد الفقراء قال بديهيًا: وما الفائدة إن أخذت المال وحُرمت الصحة أيهما أجمل؟ ولئن خُيرت بين المال والصحة فالطبع ستختار الصحة، و نشأت تبعًا لذلك فكرة دينية خطأ وهي فكرة الأربعة والعشرون قيراطًا.

تقوم الفكرة على اعتقاد أن كل إنسان له نصيب من النعم فى هذه الحياة متمثلين في الأربعة والعشرين قيراطًا يأخذهم من مختلف النعم؛ كالمال، والأولاد، والصحة، والستر، وراحة البال، وكل الناس متساويين فى مقدار النعم، ولكن مختلفون فى أنواع النعم الحاصلين عليها؛ وبالتالي فإذا حُرمت المال تأخذ أيًّا من النعم الأخرى، وإذا أخذت المال تُحرم من النعم الأخرى؛ فإذا حرمت نعمة المال أفضل من أن تحرم أي نعمة أخرى؛ فالمال أهون النعم.

حقيقة هذه الفكرة كما قلنا خطأ؛ فلقد جعل الله ـعز وجلـ التفاوت فى النعم بحكمته تبارك وتعالى؛ فنجد ذلك المسلم الغني الصحيح مرتاح البال، كثير البنون الذي انتصر فى الدنيا ونعم فى الآخرة بإذن ربه، ونجد ذلك الكافر، الفقير، المريض، الوحيد، المنبوذ من المجتمع، والمكروه من الناس، الذي عانى فى دنياه، وخسر آخرته؛ فلا يمكن بأي حال من الأحوال أن يكون هناك تَكافؤ فى معطيات الله بين النوعين.

أما عن حقيقة المُسلمة التى تؤمن بعدم فائدة المال إذا ضاعت الصحة وبديهية الاختيار بين المال والصحة، تتجسد فى الواقع عند إذا ما خُير الإنسان بين المال والصحة ووُضع أمام المخايرة، فإن الاختيار الأكيد

هو الصحة، ولكن لن يوضع الإنسان أمام هذه المخايرة إلا في حالة واحدة فقط وهي أن يكون الإنسان مصابًا بمرض أو به ألم؛ فيُخير بين إنفاق ماله على مرضه؛ ليُشفى منه أو بقائه بمرضه ويحتفظ بماله، بالطبع سيكون اختياره المؤكد هو إنفاق ماله؛ ليُشفى من ألمه وهذه بالضبط أهمية المال في كونه وسيلة تنفق لتأتي بالشفاء كما أن الشفاء بإذن الله وحده، ولكن خلق الله الطب والدواء، وجعل فيهم أسباب الشفاء، وأمرنا أن نأخذ بالأسباب.

إن الأمراض تنتشر بصورة أكبر في البيئات الفقيرة عن البيئات الغنية؛ كما أن المرض يصيب كافة الخلق على تنوعهم من مسلمين وأقباط، عرب، وأجانب، بيض وسود، فقراء وأغنياء؛ فعندما يصيبك المرض وأنت غني خير من أن يصيبك وأنت فقير.

المال نعمة تستخدم في الإتيان بنعمة أخرى؛ فتنفقه لتحافظ على صحتك، كما أن وجود المال يؤهلك للمخايرة بين اثنين وبدون وجوده لا ترتقي إلى المستوى الذي يعطيك فرصة الاختيار إلا بأساليب أسوأ، مثل: اقتراض الديون، والديون سوئها قد يقترب لسوء المرض، أو جمع الصدقات والتي تقتل عزة نفس الإنسان الذي لم يعتَد عليها، وتظل في نفسه طوال حياته.

كذلك يسعى الإنسان بكامل طاقته وصحته لكسب المال؛ ليتخطى الفقر فيظلم صحته أحيانًا من أجل المال، ولكن إن كان يملك المال أساسًا لم يكن ليظلم صحته من أجل المال؛ لأنه بالفعل يملك المال.

قد تأتي الصحة بالمال، ولكنها تأتي بالقليل جدًّا منه، أما عن المحصل الأفضل للمال فهو العقل وما يطرحه من أفكار، ففي قائمة أغنى مائة رجلٍ في العالم لم نجد عاملًا أو حِرفيًّا، ولكنه قد يكون شخص عمل عاملًا أو حرفيًّا ثم راودته بعض الأفكار فنفذها ومن ثَم انضم لقائمة الأغنياء، ولكنه

لم ينضم أبدًا كعامل أو حِرفي؛ بل انضم كصاحب مشروع أو شركة بدأت من فكرة، ولو تحدثنا بمنطق أن الصحة تأتي بالمال وتأتي بالكثير منه؛ فستكون الصحة أحد الأسباب التي قد تؤدي للمال، والمال أحد الأسباب التي قد تؤدي للصحة؛ فنجد أن العلاقة بينهما علاقة سببية وتكامل، وليست علاقة مقارنة وتضاد.

إن تأثير شقاء الإنسان وكدّه، وتعبه في صحته تمامًا كالوحش الذي ينهش فريسته؛ فتتآكل صحة الإنسان تدريجيًّا حتى يهلك ثم يموت، وهذا الحدث لا يتعرض له ذاك النوع من البشر الذي ليس بحاجة للكدّ والتعب، ذاك النوع الذي أكرم من فوق سبع سماوات ببعض المال أغناه عن الشقاء، وكذلك علمنا أن هناك أسبابًا للموت، ففي قلب إفريقيا وتحديدًا في زيمبابوي يموت ما يتعدى المليون شخص سنويًّا بسبب قلة الغذاء، وفي حالة الحرب تزداد عدد الوفيات أضعافًا عما كانت في حالة السلام وعلى نفس المنوال نقول أن حياة الإنسان في حالة الشقاء أقل من حياته في حالة الراحة.

حتى إذا كان صاحب المال مريضًا بمرض مستعصى ولم ينفعه ماله؛ فقد يفيده المال بطرق أخرى، كأنه استخدمه محاولاً الشفاء ووجد وسيلة يستخدمها على الأقل بدلاً من احتياجه لمساعدة الناس أو وقوفه عاجزًا لا يعلم ماذا يفعل، كارهًا للظروف، وكارهًا للمرض، والقدر، ولعل الله يُحدث بعد ذلك أمرًا؛ فيكتب له الشفاء، وإن جاء أجله سيبقى المال لورثته للانتفاع به.

للمال أدوار أخرى في مناطق أخرى؛ فنجده هناك بداخل رغبات الإنسان واتخاذه لقراراته فهذا هو الإنسان وغرائزه، وهذا هو المال وامتيازاته؛ فهو الوسيلة لجذب الإنسان والطريقة التي تجعله يعيد حساباته ويفكر مليًّا وهو المغري الأقوى إن لم يكن الوحيد الذي يدفع أيًّا كان

للتخلي عن مبادئه ونسيانه لإنتمائه؛ فيستخدم لشراء القدرات والمهارات المطلوبة والمرغوبة، ونرى هذا بوضوح في عالم الأعمال وخاصة عالم كرة القدم؛ فيكون المال أحيانًا هو الفارق الوحيد بين ناديين قويين وعريقين مع وجود الحب والانتماء للفريق الحالي؛ فيتم اختيار الذهاب إلى النادي الأكثر مالًا، مع العلم أنه ليس الجميع في هذا الوسط ينتقلون عند عرض مال أكثر فقط؛

بل يجب أن يصل المال لمستوى معين من الكثرة حتى يقبلون، ولكل لاعب حده الخاص؛ فيقول اللاعب *(زلاتان ابراهيموفيتش)* عندما تم تقديم أحد العروض له وكان المبلغ المعروض هو أكبر مبلغ تم عرضه على لاعب في عالم كرة القدم آنذاك **«المال ليس مهمًّا، الكثير من المال هو المهم، وهذا الذي تم عرضه ليس كافيًّا»** فلكل لاعب حده الذي ينتقل عنده بدون مراعاة انتماء أو غيره، وهذا ينطبق على الجميع في عوالم الأعمال كلها؛ فالانتماء والولاء الحقيقيين اللذان يسكنان في أعماق الإنسان في حقيقتهما يكونان للمال.

المعضلة تتجسد في اعتقاد البعض إذا ما رأوا أحدهم يسعى خلف المال ويترك ما هو عليه الآن ظنوا مصدقين أنهم لو مكانه لما فعلوا هذا لما اختاروا المال على حساب حبهم للفريق، هؤلاء من يمكننا وصفهم بعبارة **(كلهم شرفاء حتى تأتي العاهرة)** فإذا أتت العاهرة ووُضعوا في الموقف فعلًا فلن يكونوا شرفاء بعد ذلك، تمامًا مثل أولئك الحمقى الجالسين على البر ويرون السباحين يموتون غرقًا، ويعتقدون أنهم لو مكان السباحين لأنقذوا أنفسهم، فلا يجب أبدًا أن نحكم بسهولة التمثيل على المسرح ونحن من الجمهور.

كما نذكر أن هناك مبادئ تُشترى بالمال عند البعض ولا تُشترى بكنوز الدنيا عند البعض الآخر؛ كالعقيدة، والدين، والوفاء، وعدم الغدر،

فقال لهم أعظم الخلق أجمعين سيدنا المصطفى محمد _صلى الله عليه وسلم_: « والله لو وضعتوا الشمس على يميني، والقمر على شمالي ما تراجعت عن ما أنا فيه» وللأمانة العلمية ذكر عن هذا الحديث أنه ضعيف، ولكن تم طرحه كمثال.

إن مكارم الأخلاق وما قد يتصف به الإنسان من صفات حميدة: من شهامة، ومروءة، وكرم تتأثر بمدى إمكانية الإنسان على التحلي بهذه الصفات؛ فعلى الرغم من كون الإنسان نفسه هو حامل الصفة والمتمتع بها إلا أن تلك الصفات تتأثر بالمال؛ فيجعل المال الكريم أكرم، والشهم أكثر شهامة، فإذا وُجدت الصفة في طيات الإنسان نمت وزادت كلما زاد الإنسان غنى.

فيقول أحد الشعراء في قصيدته:

«إذا امتلئت كف اللئيم من الغنى تمايل إعجابًا وقال أنا أما أنا كريم الأصل كالغصن كلما حمل ثمارًا تواضع وانحنى»

أى أن الكريم؛ كالغصن كلما زاده الله من فضله كلما زاد جودًا وتواضعًا.

كان الصحابي سعد بن عبادة كريم ومنفق وكان دائم الإهداء للنبي _صلى الله عليه وسلم_، وكان من دعائه _رضي الله عنه_ (اللهم إني لا أصلح للفقر ولا يصلح الفقر لي، فأغنني من فضلك)

المال لا يغير أحدًا وإنما يظهر حقيقة الأشخاص، فمن كان فيه بذور السوء سيظهر سوءه، ومن كان في بذوره الجودة ستظهر جودته وسيفيدك الأمر، وأنت بعيد ستتعرف على حقيقة الأشخاص من حولك، كل من ارتدى قناع الود ليتقرب إليك من أجل منفعة سيزيل قناعه فما عاد بحاجة إليك، وكل من أحبك بصدق ستعم نعمته عليك؛ فأيهما تفضل إزالة الأقنعة أم بقاؤك مخدوعًا، وإن امتلكت أنت المال سيظهر معدنك

لغيرك وسيسعى المنافقون للتقرب منك فيظهر معدنهم بغناك إنت، كذلك المال يحطم الأقنعة ليكشف عن المعدن الحقيقي للإنسان.

إن كنت من الأغنياء فلن يقع عليك الظلم؛ لأنهم يخافون، ويهابون، ويحترمون الأغنياء؛ لقدرتهم على القصاص وإن حدث ووقع عليك الظلم؛ فالمال يُملّكك القوة على استرجاع الحقوق، أما ذلك الفقير الضعيف فيُظلم ويُنهب ولا حول له ولا قوة يكتم حرقة قلبه بداخله؛ فينهش الحزن فؤاده ويشعر بضعفه؛ فتلك المشاعر الناتجة عن الظلم من أسوأ المشاعر وأنا أعتبرها الأسوأ على الإطلاق.

الله عز وجل علا في سمائه قد جعل آدم خليفة في الأرض؛ فأمرنا نحن بني آدم أن نعمر الأرض ونشيدها، وقد خلق لنا الله الوسائل اللازمة؛ لذلك فقد أعطانا العقل لنخطط ونصمم، والقوة للقدرة على التنفيذ، وخيرات الطبيعة وثرواتها كوسائل لنستخدمها، وكذلك قد جعل المال الذي مُنح القدرة على شراء العقل والقوة، والمادة، فقد أقدره الله ـ عز وجل ـ على التعمير، والتشييد، والبناء، وميزه عن كثير من النعم بشموليته.

المرء منا إذا التحق بالتعليم يمضي ما يقارب سبعة عشر عامًا من عمره فيه وهذا تحديدًا يأخذ كامل طفولته وأول شبابه، وإذا لم يلتحق وتعلم حرفة يقضي في تعلمها حوالي خمس سنوات على الأقل، وكل منهما يفعل ذلك؛ ليتعلم كيف يعمل ويقضي باقي عمره يزداد خبرة وتعلمًا في حياته المهنية؛ ليتعلم كيف يعمل بطريقة أفضل وأسهل، وكل ذلك التعلم في سبيل تحقيق المكاسب، وكسب الأموال.

يُقال: <u>(حب ما تعمل حتى تعمل ما تحب؛ فتعمل ما تحب وتحب ما تعمل)</u> كل المجالات مربحة في العادة، ولكن قد يتعرض اقتصاد أي دولة إلى أي ظروف تقلل من أرباح بعض المجالات أو قد تتخذ الدولة بعض الإجراءات التعسفية من فرض الضرائب وغيرها، فتقل أرباح بعض

المجالات؛ فيحب أحدهم إحدى المجالات فيعمل بها ثم يجد أرباحها قليلة نتيجة لأحد الأسباب التي تم طرحها ودخلها لا يغطي نفقاته، يعيش في حلقة لا يخرج منها ما يكسبه، ينفقه؛ فيكره عمله، أما من عمل عملاً مربحًا ويرى النتائج ويرتقي في مستوى معيشته يزداد حبه لعمله.

يرتبط مدى نجاح الإنسان في عمله بمقدار المال المُحقق من هذا العمل أو بمدى نفعه للبشرية؛ لأنه من بين كل المجتهدين، والمفكرين، والعباقرة لم نرَ إلا من اعتلى عرش المال، فكم من عبقري ومفكر عاشوا وماتوا لا عرفناهم ولا أفادوا أنفسهم فلم يوفقوا للمال؛ فتتعدد الأسباب للنتائج ولا يُشترط نتيجة للأسباب! فإذا لم يوصلك اجتهادك وذكاءك ومثابرتك للمال الذى هو الهدف الأعلى لذلك أو إفاده البشريه فيكون هباءا منثورا فالعالم لا يعرف الأسباب العالم لا يرى الا النتائج اتبعت الأسباب ولم تحقق نتائج كمن لم يحقق نتائج ولم يتبع أسباب ولكن جهدك عند الله وستجزى عليه بإذنه.

إن لفظ السعادة ارتبط ارتباطًا مطلقًا في القرآن الكريم بالآخرة فلا سعادة في الدنيا، وأما الدنيا ففيها الراحة ولحظات من الفرح؛ ولذلك لا يمكن لشيء أن يجعل الإنسان فى راحة مطلقة وإنما الراحة نسبية، ولجني ثمار تلك الراحة تحتاج الوسائل لجنيها، وقد جُعل المال أحد وأهم أسباب ذلك فإذا توافر لديك يغنيك عن السؤال والحاجة لا تتعب نفسك أبدًا بالتفكير في المشاكل المادية التي لها دور أساسي في سلب الراحة وإرهاق العقل من كثرة الحسابات والتفكير.

دائمًا ما يثبت الواقع حقيقة أن كل شيء يكلفك مالًا فلا شيء مجاني، يمكن أن تشتري سيارة أو تخرج في موعد غرامي مع زوجتك يمكنك من العيش فى بيئة راقية، وبيت جيد في مجمع سكني تختاره بعناية وتتزوج في سن مناسبة، ويعطيك الفرصة لاختيار شريكة حياة أفضل؛ بل

والأفضل من ذلك يعطيك الفرصة لتتزوج بمعشوقتك فلا يحول بينك وبينها الظروف التي طالما ما سمعنا عنها كثيرًا فيما يتعلق بإبعاد عصافير الحب عن بعضهم وتوفر حياة ذات جودة عالية لنسلك.

تؤسس مشروعك الخاص بدلًا من العمل عند أصحاب الأعمال، أو تتجنب مخاطرة فشل مشروعك فتشارك في أحد المشاريع التي حققت نجاحًا فعليًا مقابل مبلغ من المال لن تكون مضطرًا للسفر خارجًا للعمل مبتعدًا عن كل من وما أحببت، وإنما ستتغرب باختيارك، وستعود متى ما رغبت، وربما يكون سفرك للتنزه والترحال إذا مرضت تنفق وإذا رغبت تحصل وإذا تحدثت بات كلامك مسموعًا، تحصل على مقدار العلم الذي تريده في الوقت الذي تريده غير مُقيد بنظم التعليم المجانية التي في حقيقتها ليست مجانية إطلاقًا، لا تأكل إلا ما هو نظيف وطازج، وتتنفس نسيم البحر، تقضي إجازة الصيف في الغردقة بدلًا من الإسكندرية أو في المالديف بدلًا من الغردقة، تشتري جزيرة لتقضي بها بعض الوقت بمفردك إذا أردت الاعتزال، أو أنت وأسرتك إذا أردت الابتعاد، تغير سيارتك البسيطة بسيارة رانج روفر، سوف يمكّنك المال بكل المقاييس من أن تعيش حياة أفضل بكثير جدًا عن تلك الحياة التي كان بإمكانك عيشها مع قدرة مالية أقل، سيوفر لك كل أسباب الراحة، فكلما زاد المال كُلما زادت الجودة.

أطلق بعض الأسلاف الذين نطلق عليهم (**أهل زمان**) لفظ (**مبسوط**) والذي يعني سعيدًا على أصحاب الأموال؛ وذلك لارتباط فعلي بين المال والسعادة.

يقول أحدهم:

+ كان جدي يمشي للعمل عشرة كيلو مترات يوميًا.

+ أبي كان يمشى خمسة.

+ أنا أقود سيارة لادا للعمل.

+ ابني سيقود سيارة مرسيدس للعمل.

+ حفيدي سيمشي مجددًا للعمل.

وأضاف قائلًا: الأوقات الصعبة تصنع رجالًا أقوياء، والرجال الأقوياء يجعلون أوقاتهم سهلة، والأوقات السهلة تجعل الرجال ضعفاء، والرجال الضعفاء تكون أوقاتهم صعبة.

قد تظن للحظة أن الراحة التي تُخلق بالمال لن تضعفك أنت؛ لأنك رأيت ما يكفي من الفقر والمعاناة، ولكنها قد تضعف أبناءك أو أحفادك وكل من سيقع عليهم نتائج الراحة التي سبّبها المال؛ لأن الراحة تجعل الإنسان ضعيفًا فلا يقدر على المواجهة إذا تبدلت الأحوال إلى الأسوأ؛ فمن اعتاد على الرفاهية من صغره سيواجهه صعوبة كبيرة إذا ما تحولت الرفاهية إلى فقر.

إن الشدة هي مصنع الأبطال في الواقع، فأولئك الذين قست عليهم الحياة في صغرهم هم من سعوا جاهدين لتحسين الظروف، وأصبحوا مؤهلين لمواجهة أي ظروف؛ فقد اكتسبوا القدرة على ذلك، ولكن ذلك لا يتعارض أبدًا مع الغني، فيمكنك أن تعطي لمن تنفق عليهم متى ما وجب، وتحرمهم متى ما لزم، يمكنك أن تزرع فيهم قيم استخدام المال واكتسابه والشعور بكونه نعمة، يمكنك أن تضعهم في ظروف شديدة تصنع منهم أبطالًا أقوياء قادرين على المواجهة، يمكنك أن تحرمهم أحيانًا، فلا تستجِب لكل متطلباتهم، يمكنك أن تضعهم في ظروف تثبت في عقولهم طبيعة الحياة، وتجعلهم مُؤهلين لحياة الرفاهية دون أن تنسيهم كيف يواجهون الشدة تمامًا كما تفعل عائلة ساويرس، فلا تعارض بين الغنى وبناء الأبطال.

تتشكل حياة معظم البشر من الزواج ومراحله؛ فتبدأ أولاً بتكوين أساسيات من بيت ووظيفة أو مشروع، ثم تنتقل إلى البحث عن شريك الحياة، ثم دفع المتطلبات من المهر والذهب وإقامة الاحتفالات اللازمة من حفل خطوبة إلى حفل زفاف، ثم بدء الحياة سويًا والسعي على الإنجاب ثم الإنجاب _إن شاء الله_ وبعدها تربية النشء وتعليمهم وسد حاجاتهم ووضعهم في بيئة تساعدهم في الحصول على شخصية سوية، ثم السعي على تزويجهم من أجل سد رغباتهم، فكل مرحلة وكل خطوة في حياة المرء تتطلب المال من بنية تحتية إلى الارتباط بشريك وإقامة الاحتفالات وصولاً إلى الزواج والإنجاب وتربية النشء، وسد احتياجاتهم فحياة الإنسان كاملة تحتاج إلى المال، فالمال كالرياح الذي يحرك قارب الحياة فإذا هممدت الرياح توقف القارب في عرض البحر.

قد علمنا جميعًا أن الدنيا بكل ما فيها من متع بشرية وخيرات ربانية لا تساوي عند الله جناح بعوضة، وأن الدار الآخرة هي المأوى، والمثوى، والملاذ الأخير والأبدي؛ فندفع لمقابل هذه الحياة الأبدية أعمارنا التي إذا طالت عند بعضنا أصبحت تسعين عامًا، تلك الحياة التي مهما طالت تبقى قصيرة جدًا.

من عمل لآخرته وزهد في دنياه فاز بإذن خالقه، ومن لم يفعل عليه رحمة الله، ولكن يفهم البعض لفظ الزهد بشكل خطأ؛ فيظنون أن الزهد هو اعتزال الدنيا ويفرضون على أنفسهم من الاعتزال ما لم يفرضه الله عليهم؛ فالزهد لا يعني أبدًا الترك التام للدنيا والعمل للآخرة، وإنما الزهد هو الترك والابتعاد عما حرمه الله، فهو يجمع بين طيبات الدنيا من الأعمال والأموال والآخرة معًا؛ فيجمع بين السبيلين؛ فهو السعي على الدنيا والكف عن المعاصي والعمل للآخرة وقال عنه الحسن البصري _رحمه الله_ أن تكون الدنيا في يدك لا في قلبك؛ أي أن تمتلك الدنيا دون حبها، بينما

الزهد الذي شاع فهمه اليوم ما كان ليبني حضارة، وما كان لينشر الإسلام فما ازدهر الإسلام إطلاقًا إلا بالمزج بين الدنيا والآخرة.

إن الفقراء يدخلون الجنة أسرع من الأغنياء؛ وذلك لأن الأغنياء يُسألوا عن مالهم من أين اكتسبوه وفيما أنفقوه، وذلك لكثرة مالهم على عكس الفقراء، وهذا لا يعني أبدًا أن كل الفقراء يدخلون الجنة ابتداءً؛ بل الحديث هنا عن الفقراء الصالحين الصابرين.

إن أكثر أهل الجنة فقراء فهى واقع نسبة وتناسب؛ لأن كل من شهد بألوهية الله وبنبوة رسوله من كل قلبه سيدخل الجنة ولو حتى لاحقًا؛ فنجد على أرض الواقع أن معظم المسلمين فقراء؛ بل أن معظم الخلق فقراء؛ فالنتيجة يجب أن يكون معظم أهل الجنة من الفقراء، وكذلك معظم أهل النار من الفقراء، فالمعظم فى الآخرة فقراء؛ لأنهم عندما كانوا فى الدنيا معظمهم كان فقيرًا.

الأغنياء ليسوا جميعًا أغنياء بطرق أباحها الله، وإنما يكثر فيهم من سرق، ونهب، وظلم في سبيل تحقيق الثروة؛ لذلك يعذب الأغنياء عقابًا على مسعاهم في الدنيا.

جعل الله عز وجل بعض عباداته مالية؛ كالزكاة وهى ثالث أركان الإسلام، والحج لمن استطاع إليه ماليًا وصحيًا؛ فقد رأينا أن المُقعدون والمُتعبون صحيًا الذين ليس لديهم القدرة على الحج؛ فيمكنهم أخذ مرافق مقابل أن يدفعوا له حجته هو الآخر، أما المال لا يقدر عليه إلا من امتلكه، والحج عبادة عظيمة ذات أجر عظيم، فإذا تقبلها الله عز وجل مُحيت ذنوب ابن آدم كلها وعاد كيوم ولدته أمه، فما أعظم من ذلك!

هناك بعض العبادات الأخرى التى لها وزنها عند رب العرش الكريم؛ كالصدقة الجارية التى لا ينقطع أجر ابن آدم منها، فإذا ساهمت فى بناء مسجدًا او بيتًا لأحد الفقراء استثمرت لنفسك مشروعًا دخله كمية مهولة

من الأجر والحسنات، كما أن الغنى يغنيك عن بعض الذنوب؛ كالسرقة، فلا حاجة لك بها من بعد ذلك، ويلهيك عن ذنوب أخرى؛ كالكذب، والغيبة، والنميمة فلا تملك الوقت لها لارتباط تلك الذنوب بالفراغ، والغني قد لا يجد فراغًا.

كما أن المُتصدق الذى يخفي صدقة يمينه حتى لا تعلمها شماله هو من السبعة الذين يظلهم الله بظله يوم لا ظل إلا ظله، وأشار رسولنا الكريم إلا أنه وكافل اليتيم كهاتين فى الجنة (**كإصبعين بجانب بعضهما البعض**) أي أنهما سيكونان سويًّا في الجنة، وهذان الأمران يحتاجان للمال، كما جُعل المال كفارة أو فدية لبعض الأخطاء؛ ككفارة اليمين أو كفارة الصيام وفديته.

يحول المال بينك وبين بعض الكبائر؛ فيوصلك للعفة من ذنوب؛ كالزنا، بأن يوفر لك أسباب الزواج وإن كنت شرهًا جنسيًّا فيمكنك بالمال أن تتزوج حتى الرابعة، فهذا أباحه الله لك، كذلك قال بعض الأسلاف الذين نطلق عليهم (**أهل زمان**) أن(**العذر قلة دين**) أي أن الفقر قلة إسلام؛ فيضطرك للمماطلة والإخلاف بوعودك، وعدم الوفاء بديونك، والسرقة، والاحتيال إذا لم تجد غيرهما للنجاة سبيلاً.

يقول الله عز وجل فى كتابه الكريم (**يَوْمَ لَا يَنْفَعُ مَالٌ وَلَا بَنُونَ**) المقصود بالمال هنا هو المال الذى تركته خلفك فى دنياك، المال الذي كسبته وجمعته بفضل الله، ثم أنفقته على شراء البيت، والسيارة، وصرفته على أولادك أو تركته لهم؛ ليعيشوا حياة كريمة، أما ذلك المال الذى أرسلته لآخرتك يفيدك حق الإفادة؛ فيأجرك الله ـتبارك وتعالىـ على ما أنفقته فى سبيله، ذاك المال الذي ساعدت به الفقراء، وساندت به المحتاجين، وأنقذت به المرضى، وآويت به المشردين، وكفلت به اليتامى، واستخدمته لتتعبد لله وتتقرب منه، ذاك المال الذى لم يُنفق فى البقالة

أو عند بائع الخضار، فهذا لن ينفعك يوم الحشر العظيم، إنما سيفيدك المال الذى ادخرته لآخرتك.

الكافر ليس له حجة عند الله غنيًّا كان أو فقيرًا؛ فقد توعد الله بالهلاك لا محالة، ولكن الكافر الفقير سيخسر كلتا حياتيه، دنياه وآخرته، أما الكافر الغني سيخسر آخرته، ولكنه على الأقل سيكسب إحداهما، أن تكسب إحدى الحيوات خير من أن تخسر كليهما.

إن المال نعمة أنعم الله بها على خلقه مادامت حلالًا، ونقمة على عباده إذا كانت حرامًا؛ فيجب أن نسعى لكسب المال بما أباحه الله وشرعه، وبالطريقة التى يحب أن نسعى لا بما حرمه الله ومنعه، ويتمثل فى كل ما ينتفع به الإنسان من حرث وعقارات ومشاريع وشركات ومصالح وأنعام وذهب وفضة وكل متاع يستخدمه الإنسان كوسيلة لتحقيق غاياته.

يقول الله عز وجل فى كتابه المجيد (وَاعْلَمُوا أَنَّمَا أَمْوَالُكُمْ وَأَوْلَادُكُمْ فِتْنَةٌ وَأَنَّ اللَّهَ عِنْدَهُ أَجْرٌ عَظِيمٌ).

فيظن البعض أن وصف المال بالفتنة هو وصف ذميم، ولكن يقول الشيخ الشعراوى ـرحمه اللهـ: أن كلمة فتنة تعني اختبارًا، وأنها ليست صفة ذميمة، وإنما المال مجرد من الوصف، أما الذميم طريقة استخدامه تمامًا كالاختبار الذي يكون محمودًا عن المتفوق فيه ومذمومًا عند الراسب، أما الاختبار ذاته مجرد من أي صفة.

نعمة المال كباقي النعم، لها استخدامات متعددة؛ كنعمة البصر التي تنظر بها للقرآن، وتنظر بها إلى مفاتن النساء، وكنعمة السمع التى تسمع بها الموسيقى وتسمع بها آيات الله، على الرغم من استخدام النعم لأمور سيئة إلا أنهم ما زالوا نعمًا.

كذلك لا يمكن للمال أن يكون دافعًا للشخص على ارتكاب الأخطاء؛ فهو لا يتكلم ولا يبصر ولا يفكر، وإن كان مجرد وجوده دافعًا فما كان الله حثنا على السعي وراءه وكسبه بالحلال، فما أمرنا الله به معروف، وما نهانا عنه منكر.

المال في حقيقته هو أهون النعم، ولكنه حمل ميزة أعطته قيمته؛ لأن له استخدامًا عند كل النعم، كذلك الموظف الذي يستطيع أن يعمل في كل أعمال الشركة، ولكنه ليس الأفضل، فإذا غاب أحد زملائه سد مكانه؛ كلاعب كرة القدم الذي يمكنه أن يلعب في كل المراكز، ولكنه ليس أفضل لاعب في الفريق، فإذا ما كانت الحاجة له وجدناه مستعدًّا، كذلك المال فهو كالجوكر الذي يمكنه التأثير في كل شيء، ولكنه ليس أفضل شيء.

عندما يريد الإنسان تحقيق أي أمر أو حاجة يسعى إليها وإن تعددت خيارات الوصول إليها سيكون المال إحدى هذه الخيارات، وإن اقتصرت الوسيلة على شيء واحد فستكون المال حتمًا.

متعة المال لا تنقضي بالظاهر؛ فالمتعة تتعلق بالجوهر الواقع، هناك أناس يعملون ليل نهار برواتب محدودة وعندهم الكثير من الالتزامات لا يطيقون فوقها شيئًا ومع ذلك يسعون لشراء الكماليات من السيارات لأجل مظهرهم أمام الناس.

قد يرفعك مظهرك للحظة، أما من يعرفك فهو يعرف حقيقتك، كما أن التظاهر بالغنى لا يمتعك كالغني؛ بل يضعك في إناء من العناء؛ فتسعى بكامل قدرتك المادية لتظهر غني بأقصى درجة يمكنك الظهور بها، وهذا يجعلك تقصر في أساسيات حياتك لتظهر للناس كمالياتك فتفارقك المتعة وتلزمك المعاناة.

الفكرة ليست في التعارض مع شراء الكماليات، ولكنها تعارض شراء كماليات ليست في قدرة الإنسان أما إذا جاءتك القدرة؛ فتمتع بها بعد

تشبع أساسياتك، حينها ستجد المتعة الحقيقية للمال، لا تكمن المتعة في ظهورك غنيًا أمام الناس؛ بل تكمن في كونك غني بالفعل بغض النظر عن مظهرك أمامهم.

تراني أتحدث عن الفقر كأنه مهلك لا محالة، الفقر قادر على أن يهلك الجميع، ولكنه لا يفعل رحمة من رب العالمين، أثبتت بعض الإحصائيات أن معدل الجريمة والفساد يزداد فى حالة ضعف الاقتصاد وزيادة معدل الفقر، والذى يؤدى إلى حدوث جرائم القتل، والسرقة، والتعدي، الفقر يسبب المجاعات التى تؤدي لهلاك بعض المجتمعات، يسبب الفوضى إذا انتشر بشدة، يسبب خسارة الحروب، فلا تقوى بعض الدول على التسلح، يسبب الاستعمار لبعض الدول التى لا تقوى على المقاومة، يسيء من ظروف المجتمع ككل والفرد الواحد، فيتعب الفقير في مواجهة العالم الداكن الظالم، ويواجهه الثري بكل قوة، الفقر يضعف من الفرد والمجتمع والدولة على كل نحو، والثراء يقويهم جميعًا.

لا يوجد نبل في الفقر كما يتصور البعض، الفقر يسبب أسوأ الأخطاء كما أن نبي الله محمد تعوذَ منه ومن كل أشكاله؛ كالجوع؛ والدَّين وذلك لسوئه، ولولم يكن سيئًا لما تعوذ منه؛ فالاستعاذة لا تكون إلا من الشرور. **هل يُعقل أن المال كله منافع وإيجابيات ولا يتضمن أي سلبيات؟**

دعنا لا نسميها سلبيات، وإنما نسميها صعوبات تتعلق بالمال، نشبهها _ولله المثل الأعلى_ بكون المرء مسلمًا، فكونه مسلمًا نعمة تقضى بتحمل بعض الصعوبات فيسير عليه ما يسير على بقية المسلمين، يستقبل قبلتهم، ويصلي مصلاهم، ويصوم رمضانهم، إذا زنى رُجم، وإذا سرق قُطعت يداه، وإذا ارتد قُتل وغيره من الأمور، كذلك تشبه نعمة البصر التي تصاحبها صعوبات؛ كوجوب المرء المبصر أن يغض بصره عن الحرام، أما الكفيف لا يواجه تلك الصعوبة، ويشبه أيضًا نعمة الأولاد، فعلى الأب أن يتكلف

العناء؛ ليربي وينفق على أولاده وهذه صعوبات مقترنة بالنعمة، كذلك الغنى فيقع على أعتاق أصحاب الأموال، بذل جهد زائد عن الفقراء لخدمة تلك الأموال وإدارتها وإن لم تُستغل بشكل صحيح قد تؤدي بصاحبها إلى الفقر والقحط، كما أن مشاعر الحقد والحسد تُوجه إلى ملاكه؛ فقد تصيبهم صائبة تضيع المال، وربما تضيع الصحة والسعادة أيضًا، وربما إذا وهب الله أحدهم المال سلبه نعمة أخرى، لكنها تبقى صعوبات مقترنة باللذة.

هذا أمر واقع قد يحدث لأصحاب الأموال أو لا يحدث فهذا ليس لازم الحدوث، لكن يتوجب على المرء ألا يفكر بهذه الكيفية، ويسعى جاهدًا في الحياة الدنيا ويترك ما في قدره للمقدر جل وعلا.

رسوخ الفقر عند أحدهم، وعدم تركه هو في الواقع علاجًا له، فيسعى جاهدًا ليل نهار ولا يتزحزح عنه الفقر؛ لأن امتلاك المرء للمال يظهر حقيقة نفسه وبعض النفوس قد تكون سيئة فيبتليها الله بالفقر؛ ليلهيها به فلا يتكبر صاحب النفس ولا يتجبر على أحد، والله أعلم منّا بنفوس العالمين.

نرى في واقعنا أغنياء وفقراء يذمون المال وذمهم في الحقيقة هيهات، فرأيهم ليس مرجعًا يُرجع إليه ليثبت حقيقة عن المال؛ بل المرجع هو تلك الآراء التي نجدها متفقة مع الواقع.

لا يعني ذلك أبدًا أن الفقراء خاسرون في الدنيا والآخرة، إن الفقر له جزاء الصبر لمن صبر، وسيوفى الصابرون أجرهم بغير حساب، وإنما المال وسيلة مجانية أعطاها لنا الله سهلت علينا الرحلات وقربت إلينا الطرق، وساندتنا كثيرًا، ولكن الرحلات موجودة، والطرق مفتوحة؛ فالمال وسيلة مساعدة تسهل عليك الكثير، وتحمل عنك الكثير، وتخفّف عنك الكثير.

✓   إذًا لماذا أوجد الله الفقر في الدنيا وجعل من الناس فقراء؟

هنا تتجلى حكمة الخالق ـجل وعلاـ وجود المتضادات والمتناقضات؛ كالفقر والغنى، هو ما وهب الحياة صفة التكاملية، لو أن جميع الناس بالتمام والكمال أغنياء لخربت الأرض، أو أن الجميع من أصحاب الشركات من الذي سيوظف فيها لأداء مهامها، ولو امتلك الجميع الأطيان من الذي سيعمل أجيرًا ليحرث الأرض ويزرعها.

نجد البعض منا يسعون للمال سعيًا أعمى فيضحي بالكثير من أجله، فقد يعمل عشرين ساعة يوميًّا لأجل الكسب؛ فيُصاب بالأمراض والضغوطات، وقد يترك حياته الاجتماعية فلا يجالس أولاده ولا يداعب زوجته فكل وقته فيه سعي للمال، وهكذا تم تغيير ماهية المال، فقد جُعل المال ليوفر لك بعض الوقت لقضائه مع أسرتك لا لأن تسعى له على حساب أسرتك، جُعل لتريح نفسك ليس لتُشقي نفسك، نحن مؤمرون بالسعي، وكذلك مؤمرون بتربية النشء بإشباع رغبات الزوج بإعطاءهم الوقت والاستماع لهم ولمشاكلهم، فيجب أن نوازي بين سعينا للمال وباقي الحياتيات من اجتماعيات، وأخلاقيات، وغيرهم، فلا يطغى أحدهم على أحدهم فيفسده، ولا نترك أحدهم لأجل أحدهم فنندم على ذلك.

الرضا بقضاء الله ورزقه المقدر وشكره الدائم على نعمه التي لا تحصى تنزل في قلب المؤمن حلاوة الإيمان، وتقدير نعم الله والاكتفاء بما رزق وخير إن زاد، بالرضى تصبح عيشة الفقير المؤمن هنية، وأمواله القليلة ثرية، ولقمته البسيطة شهية، الرضا والغنى مسببان للسعادة وإن تفاوتا في المقدار، وبالغنى والرضا سويًّا يكون بهما أعظم سعادة دنيوية، فلا نبخس من الرضا ولا نقلل من شأن الغني.

الفصل الثاني
العلاقات

العلاقات

الحمد لله الأول والآخر، الباطن والظاهر، الذى هو بكل شيء عليم، الأول فليس قبله شيء، الآخر فليس بعده شيء، الظاهر فليس فوقه شيء، الباطن فليس دونه شيء، السرمدي الذى لا بداية له ولا نهاية.

خلق الله سبحانه وتعالى الخلائق ومنها الإنسان، قد فُطرت الخلائق على تجمعها فيعيش أبناء الكائن الواحد في تجمعات، وكذلك الإنسان فيقول الله عز وجل (يَا أَيُّهَا النَّاسُ إِنَّا خَلَقْنَاكُمْ مِنْ ذَكَرٍ وَأُنْثَى وَجَعَلْنَاكُمْ شُعُوبًا وَقَبَائِلَ لِتَعَارَفُوا إِنَّ أَكْرَمَكُمْ عِنْدَ اللهِ أَتْقَاكُمْ إِنَّ اللهَ عَلِيمٌ خَبِيرٌ).

يعيش الإنسان في تجمعات كبيرة، وتميز عن سائر المخلوقات بكونه اجتماعيًا لا يقوى على الحياة منفردًا، فلا بد أن يكون عنده شبكة علاقات، حتى إن كان المرء منطويًا عن المجتمع، فمازالت هناك علاقات تجمعه بالناس؛ كأمه، وأبيه، وأخته، وأخيه، وزوجته، وبنيه، وزملائه في العمل أو الدراسة.

بعض العلاقات قد ينتج عنها أضرارًا نفسية ترجع إلى إدراكنا الخطأ أو الناقص عن مفهوم العلاقات، المسبب لتلك الأضرار هو عدم وضع العلاقة في مكانها الطبيعي والمناسب لها؛ لذا يجب مراعاة إلى أي مدى يمكنك التعامل في علاقاتك.

تعامل مع أختك على أساس أنها أختك، وتعامل مع ابنة عمك على أساس أنها ابنة عمك، أخوك هو أخوك، وصاحبك هو صاحبك، لا تعامل ابنة عمك كأختك؛ لأنك قد تعطي أوامر لأختك لا تقوى على إعطائها لابنة عمك؛ لأنها هي الأخرى قد يكون لديها أخ بالفعل تأخذ منه تلك الأوامر.

أخوك قد لا يكون صاحبك وصاحبك لا يمكن أن يكون أخاك، صاحبك هو صاحبك بمقومات الصداقة المتعارف عليه تثق فيه ويثق بك، تتشابهان في الطباع، عندكم نفس الميول وتقضي معه معظم أوقاتك.

الفتيات اللواتي تعرفت عليهن خلال دراستك أو النساء اللواتي تعرفت عليهن خلال مزاولة مهنتك لا يمكن أن يكونوا أخواتك أو بمثابة أخواتك، الحديث هنا ليس عن حرمانية تلك العلاقة؛ لأن حرمانيتها أمر مقضى بالفعل ومُنتهى.

الحديث هنا عن أمور أخرى، لا يمكن اعتبارها كأختك؛ لأنك تحب الحديث معها وتتشوق له في حال أنك تمل من الحديث مع أختك في غضون دقائق، ولو كنتم تتحدثون في أمور الشرع تبقى النزعة الشهوانية هي محركك لذاك الحديث فتشعر فيه بالمتعة؛ لذا يطول وقته.

هذه العلاقات وأشباهها تكون ضعيفة جدًّا، يمكن أن تنقضي وتنتهي في لحظات، لو تمت خطبة الفتاة التي تحادثها مثلًا يمكن أن تقطع علاقتها بك، أما أختك بالدم ستبقى أختك للأبد ومهما حدث بينك وبين أختك من مخالفات ومشاكل لن تتوقف محاولات الإصلاح بينكم ولن تنسى يومًا أنها أختك.

أما لو لم تُخطب ولم تنتهِ علاقتك بتلك التي تعتبرها أختك فلن تحظى بنفس قواعد العلاقة مع أختك، فلو أمرتها بالاحتشام مثلًا لن تسمع لك ولو أصررت عليها قد تلغيك من قاموس علاقاتها، في الناحية الأخرى قد تتحدث هي معه بضمير خالص ونية صافية، أما هو فلا، والحقيقة أن هناك جلسات مع أصدقائه تُقام على اسمها وحديثها معه، ولن تتمنى أبدًا تلك الفتاة أن تعرف ما يُقال في حقها، في حين أن أخاها الفعلي لم يخبر أصدقائه بأن لديه أخت من شدة غيرته عليها، هناك فروق شاسعة بين الاثنين.

كل تلك العلاقات التي تكون بين الجنسين بدون صلة قرابة أو زواج هي في حقيقتها محرمة شرعًا، ولكن لو أن الإنسان سيرتكبها لا محالة فليضعها بمكانها المناسب، فلو خاض في حديث مع إحداهن فليبقَ عقله متفهمًا بأنها علاقة تسلية وترفيه أو تضييع وقت أو إشباع للشهوة ولا يعطيها أكثر من هذا.

نزل الشرع الشريف بقواعد محددة لحدود العلاقات بين البشر، لكل علاقة حدودها الخاصة المتعارف بها عليها في الشرع الشريف لا يُزاد عليه ولا يُنقص.

كثرة الأسئلة الشخصية عن الراتب، والحياة، والزواج، والخطبة، والشئون التعليمية وغيرها من الأمور التي يكرهها الله ـعز و جلّ فيقول النبي ـصلى الله عليه وسلمـ **«إن الله يكره ثلاثا؛ إضاعة المال والقيل والقال وكثرة السؤال»**، فعند سؤال أحدهم عن حالة يجب أن يُكتفى بسؤال **(كيف الحال؟)** وإن كان الشخص مهمومًا أو ليس بخير يمكن المتابعة بسؤال **(هل من مشكله تشاركها معي؟)** وهنا تنتهى حدود الأسئلة، إن كان عند الشخص مشكلة يريد مشاركتها معك سيشاركها إن لم يرغب بذلك فهذه مساحته الخاصة، يجب إعطاء كل شخص مساحته الخاصة بدون الضغط عليه مهما قرب منّا، قد يكون ابنك وعنده مشكلة مع صديقه لا يريد مشاركتها، أو زوجتك وعندها مشكلة مع أخيها لا تريد مشاركتها، فلا تكثر من الأسئلة واحترم خصوصية الناس.

يقول النبي ـصلى الله عليه وسلمـ **«الدين النصيحة»**، ويقول **«من رأى منكم منكرًا فليغيره بيده فإن لم يستطع فبلسانه فإن لم يستطع فبقلبه»**، لكن النصيحة حتى تُقبل أو حتى تُسمع يجب أن تكون بأسلوب يتقبله المستمع، فيجب أولاً أن تكون النصيحة في السر وليس العلن، أن يُستأذن المنصوح به لقول النصيحة إن أبى فتلك حريته وإن

شاء فُتقال له النصيحة لينة هينة، أمر آخر يجعل النصيحة مقبولة إذا قيلت في العلن وهي أن تُعمم النصيحة بحيث لا يُقصد به شخص لذاته ولا تحتاج إذنًا.

أما المنصوح فيُفضل له أن يستمع إلى النصيحة حتى لو لم يعمل بها فقد تفتح لها أفاقًا كان غافلاً عنها، وقد تكون سببًا في تغيير وجهة نظر ما لديه.

يقول العليم في كتابه العزيز (وَمِنْ آيَاتِهِ أَنْ خَلَقَ لَكُمْ مِنْ أَنْفُسِكُمْ أَزْوَاجًا لِتَسْكُنُوا إِلَيْهَا وَجَعَلَ بَيْنَكُمْ مَوَدَّةً وَرَحْمَةً إِنَّ فِي ذَلِكَ لَآيَاتٍ لِقَوْمٍ يَتَفَكَّرُونَ)، يتحدث رب العزة في الآية الكريمة عن الزواج؛ فيذكر أنها من آياته، أي معجزاته وقد سبقت هذه آية خلق الكون وهذا لدلالة أهمية الزواج وغلظة ميثاقه، فلا لهو فيه، ويُشترط لصحة النكاح ليتم بالطريقة الشرعية وعلى سنة الله ورسوله خمسة شروط:

الأول: تعيين الزوجين، فلا يصح للولي أن يقول: زوجتك ابنتي وله بنات غيرها؛ بل لا بد من تمييز كل من الزوج والزوجة باسمه كفاطمة، أو صفته التي لا يشاركه فيها غيره من إخوانه، كقوله: الكبرى أو الصغرى.

الثاني: رضا الزوجين.

الثالث: وجود الولي، لقول النبي ـصلى الله عليه وسلمـ: "لا نكاح إلا بولي" [رواه أحمد وأبو داود] وللحديث: "أيما امرأة نكحت بغير إذن وليها فنكاحها باطل، فنكاحها باطل، فنكاحها باطل". وأحق الأولياء بتزويج المرأة أبيها، ثم جدها، ثم ابنها؛ فالأخ الشقيق؛ فالأخ لأب، ثم الأقرب فالأقرب، على تفصيل معروف عند الفقهاء ومنهم من قدم ابنها البالغ على أبيها.

الرابع: الشهادة عليه. لحديث عمران بن حصين مرفوعًا: "لا نكاح إلا بولي وشاهدي عدل".

الخامس: خلو الزوجين من موانع النكاح، بأن لا يكون بالزوجين أو بأحدهما ما يمنع من التزويج، من نسب أو سبب كرضاع ومصاهرة أو اختلاف دين بأن يكون مسلمًا وهي وثنية، أو كونها مسلمة وهو غير مسلم أو في عدة، أو أحدهما محرمًا، ويستثنى من الاختلاف في الدين جواز زواج المسلم بالكتابية بشرط: أن تكون عفيفة، ولمزيد من التفصيل يرجى مراجعة كتب الفقه، والله تعالى أعلم.

الزواج قد يكون مسعى الإنسان الأول على وجود الاستثناءات، فبعد وصول الأفراد الذكور لمرحلة الشباب يبدأون بصب كل جهودهم في مشروع للزواج، ومنذ تلك اللحظة يهب الشاب حياته كلها لهذا المشروع؛ فالزواج أولاً ثم الحياة الزوجية وما فيها من زوجة وأطفال حتى الموت.

يختلف الرجال عن النساء في الزواج؛ فالرجل عليه السعي والمرأة عليها السكون؛ فالرجل راغب والمرأه مرغوبة؛ فالرجل ساع والمرأة يُسعى إليها ويُعبر لأجلها البحار، ويُصعد لأجلها الجبال، ويُتعب ويُكد لأجلها، وهذه إحدى أشكال إكرام المرأة في الإسلام.

الزواج له مزايا كثيرة جدًا لا تسعى أبدًا أن تتعرف إليها من تجارب الآخرين، فإذا سألت متزوجًا عن الزواج ذكر لك عيوبه فقط ووضعه موضع الذم وهذا يحدث في حالة استفسارك عن أي شيء له عيوب.

الزواج كغيره من الأشياء له مزياه وصعوباته، وطبيعة البشر من غير الحكماء تجعلهم يذكرون صعوبات الزواج فقط من مسئولية، وارتباط، وغيره، على الرغم من كثرة مزاياه.

أخبار الآخرين ليست معيارًا على سوء الزواج لسبب واحد لا حاجة لثانٍ؛ ذلك لأن الزواج سنة من سنن الإسلام، وما وُجدت سنة إلا كان فيها كل الخير وحثنا الله عليها ورسوله، كذلك لا يوجد في الجنة أعزب ولو كان في العزوبية الخير لوجدناها في الجنة.

نزل الشرع الشريف بدستور واضح منظم لحياة الإنسان ومنها الحياة الزوجية، فأوجب الله على الرجل خدمة النساء فيقول: (الرِّجَالُ قَوَّامُونَ عَلَى النِّسَاءِ بِمَا فَضَّلَ اللهُ بَعْضَهُمْ عَلَى بَعْضٍ) فيتحمل الرجل الطعام، والسكن، والكسوة، أما ما يفرضه عليه النساء أو المجتمع من التزامات؛ كإعطاء الزوجة مبلغًا شهريًّا، أو كماليات؛ كالسيارات وغيرها، أو المتع؛ كالتنزه، فلا واجب عليه في ذلك، وإنما هو تفضل منه، إن فعل كان له فضل وإن لم يفعل لا جُناح عليه، واختلف العلماء على علاج المرأة وذهب في ذلك جمهور أهل العلم على أنه لا يتوجب على الزوج علاج زوجته إنما هو على نفسها أو أهلها إن افتقرت للمال ويستحب لزوجها علاجها فيُثاب على ذلك وهذا مما لا شك من مكارم الأخلاق وحسن العشرة، ولكن لا يأثم لتركه ذلك.

المرأة عليها مسئوليات؛ كتربية النشء ورعايتهم، أما خدمة زوجها من إعداد الطعام، والغسل، والتنظيف، وغيره؛ فذهب جمهور أهل العلم إلى أن الأصل فيه أن يحضر لها زوجها خادمًا يقوم بهذه الأعمال، وفيه تفصيل فالفتاة الصغيرة والمرأة الكبيرة اللتان لا تقويان على الخدمة، والفتاة التي كانت تُخدم في بيت أبيها، والمرأة المريضة يُجلب لهن من يخدمهن، وإن كانت امرأة عادية كانت تخدم في بيت أبيها ويقدر زوجها على أن يحضر لها من يخدمها فيتوجب عليه ذلك، وإن عجز أصبح ذلك واجبًا عليها و تُطالب به، كذلك طاعة الزوجة لزوجها واجب ما دام لا يأمرها بشيء فيه معصية لله أو خارج حقوقه، وبذلك إذا أمرها بالاحتشام وجبت عليها الطاعة، وإذا أمرها بالنقاب وجبت عليها الطاعة ليس من باب فرضيته؛ بل من باب وجوب طاعة الزوج، عمل المرأة ليس واجبًا عليها ولا تُطالب به، وإنما هو مباح لها ما دامت تلتزم بضوابط العمل الشرعية، والمال المكتسب من ذلك العمل هو ملك لها، لها حرية التصرف فيه ولا يحق

لزوجها التصرف فيه غصبًا عنها، وإن كان برضاها فلا بأس، وإن كانت ترغب في العمل وزوجها رافض لذلك فيجب عليها أن تطيعه وليعيشا على ما رزقهما الله به.

يقول الله ـعز و جل ـ (... وَاللَّاتِي تَخَافُونَ نُشُوزَهُنَّ فَعِظُوهُنَّ وَاهْجُرُوهُنَّ فِي الْمَضَاجِعِ وَاضْرِبُوهُنَّ فَإِنْ أَطَعْنَكُمْ فَلَا تَبْغُوا عَلَيْهِنَّ سَبِيلًا إِنَّ اللَّهَ كَانَ عَلِيًّا كَبِيرًا) فإذا نشزت المرأة، أي خرجت عن الطاعة؛ فيتبع الطرق التي أقر الله بها, فيعظها، فإن لم تستجب يهجرها في المضجع، وإن لم تستجب يضربها، وهناك حدود شرعية للضرب: ألا يكون مبرحًا، مؤذيًا، مؤلمًا، وألا يكون على الوجه، وشرح فيه بعض أهل العلم بأن يكون بالسواك الذى يستخدم للأسنان، كذلك تسقط النفقة بنشوز المرأة، فيقول بعض أهل العلم أن النفقة مقابل الطاعة والاستمتاع، وتسقط الطاعة بالكف التام عن النفقة.

ضوابط الحياة الزوجية الشرعية هي أفضل أسلوب للعيش به، لكن إن كان بين الزوجين تفاهم بحيث لا يوجبان على بعضهما هذه الأمور فتعمل معه وتنفق معه وهو يساعدها في أعمال البيت؛ كإعداد الطعام وغيره فلا بأس بذلك، لكن متى ما شاؤوا الالتزام بالحدود وليلعب كل شخص دوره فالحدود موضوعة بالفعل.

الحياة الزوجية تكون صعبة في بدايتها فلا يقوى الزوجان في البداية على جعل قارب الزواج يتحرك حتى يصلون إلى درجة يصبحون فيها قادرين على قيادته بمفردهم.

تعويم قارب الزواج والاستمرار بقيادته يحتاج إلى عدة عوامل؛ كالمال، وسعى الزوجين للتفاهم، وإبقاء الخلافات الزوجية سرية حتى لا تتفاقم المواقف، والسعي لإرضاء الطرف الآخر وإسعاده، وفي حالة تعثر القارب وضعف فرص سيرانه فقد شرع الله في ذلك الطلاق.

الطلاق ليس كما يصوره المجتمع على أنه خراب أو عار؛ بل أحيانًا يكون أفضل الحلول وأكثرها راحة وأقلها مشاكل، وقال الله فيه: (وَإِنْ يَتَفَرَّقَا يُغْنِ اللَّهُ كُلًّا مِنْ سَعَتِهِ وَكَانَ اللَّهُ وَاسِعًا حَكِيمًا)، فلا بأس إطلاقًا أن تكون مطلقًا، أو تكونين مُطلقة، فهذا جزء من شرع الله فلا يختلف عليه عاقلان، لكن يُجعل الحل الأخير بعد انقطاع كل سبل الإصلاح.

ليس بالضرورة في حالة الطلاق أن يتواجد طرف من الطرفين فاشل أو سيئ أو غير مسئول، ربما يكون الطرفان جيدين، ولكن لا يتناسبان سويًّا، وإذا تزوج كل منهما من يناسبه سيعيش حياة جيدة، ومن سوء أعمال البشر بعد طلاق اثنين فيهم طرف يقرب لهم فيضعون العيوب في الطرف الآخر، ويضعون من يقربهم في صورة الملاك، ويظلمون الطرف الآخر.

جعل الله العصمة في يد الرجل ولم يجعلها في يد المرأة، ولكن يمكن للمرأة الطلاق في أي وقت شاءت عن طريق المحكمة، أما جعل الله العصمة في يد الرجل لكون المرأة عاطفية ويمكن في أي لحظة خلاف إذا كانت العصمة بيدها أن تطلق الزوج بكل سهولة، أما الزوج فيفكر مليًّا ويتريث، هذا لا يعني أن ليس هناك رجال عاطفيين أو متسرعين، ولكنهم قلة، كذلك هناك نساء متعقلات هادئات، ولكن معظمهن عاطفيات، الحكم الديني يكون تبعًا لطبيعة العامة الغالبية لا القلة.

تجنب الطلاق يقع على عاتقنا جزء منه حين أول لقاء، وحين أول حديث، حينما تأتي لحظة اختيار الشريك المناسب، هناك من يختارون بدقة واتزان، وهناك من يختارون بلا حساب

التقاء اثنين وتجمعهم سويًّا له معايير قبل أن يكون اختيارًا، للرجل صفات تحكم صفات المرأة التي تقابله ليس عشوائيًّا وإنما بتكافؤ، هذا الأمر قدر ونصيب بيد الله ـجل وعلاـ، ولكن الآتي بُنِيَ على إحصائيات.

فرصة الرجل تمثل شخصية كاملة (100/100) أكبر صفة فيها والتي تستحوذ على نصف تلك الشخصية (50/100) هي أمواله، والنصف الآخر هو مجموعة الصفات الآدمية المعنوية من احترام، لأخلاق، لنسب، وحسب، وغيره من الصفات.

فرصة المرأة هي الأخرى شخصية كاملة أكبر صفة فيها والتي تستحوذ على نصف الشخصية هي جمالها، والنصف الآخر هو مجموعة الصفات الآدمية المعنوية من احترام، لأخلاق، لنسب، وحسب، وغيره من الصفات.

لذا الشخصية لو نعطيها نسبة مئوية (100/100) فالصفتان المال والجمال يأخذان نصف النسبة عند الرجل والمرأة وباقي الصفات تأخذ النصف الآخر، وتُقيّم النسبة المئوية لحصيلة الصفات، ويجتمع الأفراد التي تتشابه أو تتقارب نسبهم ببعضهم.

لذا غالبًا ما يجتمع الرجل الغني بالمرأة الجميلة فهما الصفتان المهيمنتان، وأحيانًا يجتمع الغنى بالتعدد، وأول ما يبحث عنه طرف في الطرف الآخر هي هذه الصفات، لكن يصل إليها من امتلك القدرات وتمتع بالصفات المقابلة التي تستحق الوصول إليها.

قد تتواجد صفة واحدة قادرة على محو قيمة صفة المال للرجل أو الجمال للمرأة، كرجل غني مضطرب الشخصية، مصاب بأمراض نفسية فماله هنا يندثر، وامرأة جميلة بذيئة اللسان غليظة الكلام جافة الطبع فجمالها يندثر هنا.

هذه الإحصائيات لها استثناءات؛ كاثنين أحبوا بعضهم وتزوجوا ولم تنطبق عليهم النظرية، أو أحدهم تقلل رؤيتنا من فرصة وكان قد كثرت عليه المحن والشدائد فعوضه الله بزوج كريم الطباع، أصيل النفس.

مما يثير المشاكل هو بحث الرجل عن ماضٍ المرأة أو العكس، السؤال عن الماضي والتجارب العاطفية أو غيرها هو سؤال لا قيمة له لأربعة أسباب:

أولا: أن الفتاة التي تتقدم لخطبتها قد تخبرك الحقيقة وقد لا تخبرك.

ثانيا: سؤال الناس عنها لا يدل على الحقيقة؛ فقد لا تسلم تلك الفتاة من اتهامات الناس الباطلة، وقد تُعتمد تلك الاتهامات وتُعتبر حقيقة عند الناس.

ثالثا: قلما ما نجد فتاة أو رجلًا ليس له تجربة كهذه، لكل منا نزوة حتى أنت كذلك، فلا تجعل تجربة سابقة معيارًا لحدوث خطبة أو عدم حدوثها؛ لأنك غالبًا لن تجد من ليس له نزوة.

المعيار يجب أن يكون شيئًا آخر طالما لم يصل إلى الزنا، يجب أن يُنظر لحال تلك الفتاة ما إن كانت طيبة الخلق ولا تكثر نزواتها أم ضعيفة النفس ولها عدة تجارب؟ أهي بخير الآن واعتبرت تجربتها ماضٍ وانتهى الأمر أم مازال مُعلقًا بذهنها؟ مع الاعتبار أن هناك فتيات تقيم علاقة صداقة مع أحد الشباب ولا تتعدى العلاقة ذلك وتمارس تلك الصداقة بصفاء نيه وجهل لرحمانيتها فلا تُؤاخذ عليها.

رابعا: والأهم شرعًا لا يجوز سؤال المخطوبة أو البحث عن الماضي لما فيه من اتباع للعورات، ولا يجوز لها الكشف عن خطأ سابق؛ فيجب عليها التستر على نفسها.

معايير النساء في الاختيار تتجه نحو الانحدار، هذا يجري على الغالبية العظمى من بنات هذه الأجيال اللاتي جاءوا إلى الدنيا بعد عام 2000 أي أنهم تأثروا بمعتقدات هذا الجيل الذي فسدت معتقداته، لم تعد الفتاة تبحث عن رجل يلتزم بواجبه، يشعرها بالأمان، يكد لأجلها ويغار عليها

يحترم أسرته ويلتزم بشرع الله، تغيرت الأمور الآن أصبحت الرغبة في فتى ذي لياقة شكلية، وليست قوة جسدية جوهرية يعطى لها حريتها، يهتم بتسريحة شعره أكثر شيء ويقصها على طريقة (كيرلي) ويغيرها باستمرار، أنيق المظهر دائمًا، يضع قميصه داخل بنطاله ويوافق بين لون حزامه وحذائه، عطره يفوح منه تتباهى به أمام الناس، ولو كان طباعه سيئة، وأخلاقه بذيئة، سريع الغضب، عقيم الفكر، يخونها باستمرار، لا يتحمل مسئوليتها ولا يستطيع أن يكفى بيته، كأنها تبحث عن ممثل ليمثل معها فيلم ما.

لا تقليل من هذه الصفات الشكلية، ولكن لا تكون الأولوية، كما أن الرجل في الواقع يختلف عما في الأفلام، لا بأس أن يكون الرجل بسيطًا، يستيقظ مبكرًا، ويرتدى قميصه الذى كوته زوجته له، ويفطر البسكويت مع الشاي أو اللبن ويذهب إلى عمله ويعود ومعه بطيخة تحت إبطه، وممسك بكيس الخضار في يديه، ورائحة العرق تفوح منه، يجعل أسرته أولويته وليس مظهره وأناقته، يحترم زوجته ويقدرها، يلتزم بواجباته نحو أسرته، يسعى ليعيش حياة هادئة، أما تلك المعايير التي تبحث عنها الفتاة اليوم هي تجسيد لشخصية فتى مدلل، وليس رجل قوام.

يقول الله ـ عز و جل ـ (وَإِنْ خِفْتُمْ أَلَّا تُقْسِطُوا فِي الْيَتَامَى فَانْكِحُوا مَا طَابَ لَكُمْ مِنَ النِّسَاءِ مَثْنَى وَثُلَاثَ وَرُبَاعَ فَإِنْ خِفْتُمْ أَلَّا تَعْدِلُوا فَوَاحِدَةً أَوْ مَا مَلَكَتْ أَيْمَانُكُمْ ذَلِكَ أَدْنَى أَلَّا تَعُولُوا)، التعدد هو واحدة من السنن التي يؤجر عليها فاعلها، وقال عنه الشيخ عبد العزيز بن باز: (التعدد هو الأصل، وواحده عند العجز)، ويقول الشيخ بن عثيمين (لا تمنع المرأة زوجها من التعدد؛ بل وتساعده على دفع المهر؛ لأنها بذلك تحي سنة من سنن النبي).

التعدد له أهمية مجتمعية كبيرة بأنه يساعد على القضاء على العنوسة، كذلك تسعى لإبعاد الرجل عن الزنا لعدم اكتفائه بواحدة، فطبيعة المرأة تختلف عن الرجل، المرأة تكتفى بواحد وتشبع وتشبع به، أما الرجل فلا.

للتعدد شرطان لو تحققا فيجوز للرجل أن يعدد بسبب وبدون سبب، فلا يشترط وجود سبب للتعدد لو كانت الزوجة مثالية من جمال، وطاعة، وأخلاق، وسعي لإرضاء الزوج، وتنجب بكثرة، ويحبها زوجها بشدة، وشاء زوجها أن يتزوج عليها فهذا جائز له بل ويؤجر على ذلك، أما الشرطان فهما: القدرة المالية، والجنسية على التعدد والعدل في تلك القدرات، أما العدل العاطفي فلا يُشترط ويستحيل ذلك على الرجل فسيحب واحدة أكثر من واحدة بالضرورة وكان النبي ـصلى الله عليه وسلمـ يحب عائشة أكثر من باقي زوجاته.

يبقى للزوجة الأولى حرية الاختيار في الطلاق أو الإكمال وتقبل التعدد وكلاهما مباحان لها وليس فيه إنكار للسنة، فقد فعلت فاطمة بنت النبي ذلك، وقام النبي بتخيير علي بن أبي طالب بين طلاق فاطمة والزواج، أو الاحتفاظ بفاطمة وترك الزواج.

التعدد لا يعني إطلاقًا فقدان الزوج للشغف ناحية زوجته الأولى، ولكن كل ما في الأمر أن الرجل قد لا تشبعه زوجة واحدة، كما أن علي بن أبي طالب الذي يُضرب بحبه لفاطمة الأمثال كان له الرغبة في الزواج عليها.

الزواج هو الأصل وهو العلاقة المباحة الكاملة في الإسلام، لكن تسبقها خطوة ذات أهمية كبيرة للاستعداد للزواج وهي الخطوبة.

الخطوبة مباحة شرعًا بضوابط وحدود، ومستحبة عرفًا بالتزامات؛ فيكون التعامل فيها بين رجل أجنبي وامرأة أجنبية عنه بكل معاملة، وفيها

يسعى المقبلون على الزواج التعارف على بعضهما البعض ليقررا ما إن كانا سيكملا أو سينفصلا.

هذه الفترة ليست تجربة إطلاقًا، وإنما تحدث بعد ارتياح الطرفين لبعضهما وقبولهما لبعض، فتحدث الخطوبة لتأكيد الارتياح، سواء تمت العلاقة أو فُصلت فإنها لا يُقدم عليها إلا بعد ارتياح الطرفين وإقتناعهما بالشريك.

اعتبارها تجربة وارتباط الأطراف ببعضهم بدون حدوث ارتياح على أمل حدوثه مستقبلًا هو عبث سواء كانت هذه الفكرة من الطرفين أو من طرف واحد، لما فيه من إهدار للوقت، والمال، والجهد، والمشاعر؛ لأنها غالبًا ما تبوء بالانفصال، فالذي لا يستحوذ إعجابك ورضاك به منذ اللقاء الأول غالبًا لن يستحوذه أبدًا.

وبعد فترة يقف الطرف الذي كان يجرب، وأصبح يرغب بالترك إما مترددًا أو عاجزًا، مترددًا فيخاف أن يترك ويحزن على الوقت والجهد الذي أهدره فلا يهون عليه، عاجزًا عن الترك فلا يقوى على مواجهة ضغط الأسرة التي تمنعه من ذلك، لكن يبقى الحل الوحيد هو الترك لعدم الارتياح أو الاقتناع، أما الطرف الآخر الذي له الرغبة في الإكمال يتولد في قلبه الحزن، وشعور عدم الكفاءة، وينفطر قلبه إن كان قد أحب شريكه وتعلق به، وقلوب الناس ليست حقلًا للتجارب.

إن الزواج خاصة والاختيارات الشخصية عامة يُترك اختيارها لصاحب الشأن بدون أدنى محاولة للإجبار أو الإقناع؛ لأن كل شخص له متطلبات خاصة به مختلفة عن باقي البشر يحتاجها في شريكه للعيش بسلام؛ فإقناعك له يكون كمريض مُصاب بالزكام يريد أن يعطى لمريض مُصاب بالضغط من علاج الزكام؛ لذا يجب إعطاء الحرية الكاملة للاختيار

وعدم جواز الإجبار على الزواج بشخص ما مع العلم بجواز المنع من الزواج بشخص ما.

وإن تم الإقناع فإنه يخلق حالة مؤقتة من الوهم في عقل الذي تم إقناعه، وبمجرد زوال ذلك الوهم بعد قضاء فترته يستعيد المرء وعيه ويدرك أنه ليس هذا الشريك الذى أراده، وليست هذه متطلباته وتبدأ المشاكل.

عند اختيار الشريك يجب جدًّا اختيار شريك به الصفات الأساسية التي تحتاجها به حتى تكتمل العلاقة، لا تغتر بوجود صفات أخرى جيدة، فتضحي بمتطلباتك الأساسية لأجلها وتأمل مستقبلاً تطبيعها بالصفات الأساسية التي تريدها.

سمعنا كثيرًا عن المشاكل التي تحدث نتيجة لهذا، فيتزوج الرجل امرأة ليست محتشمة وبعد الزواج يأمرها بالاحتشام والذى هو من حقه؛ فترفض له أمره بدعوى أنه أخذها من منزل والدها بهذا الشكل وهكذا ستبقى، فلا يتحمل الرجل عدم احتشام زوجته ولا هي توافق على طاعته وينتهي بهما المطاف أمام القاضي في محكمة الأسرة لإتمام الطلاق.

لذا يجب مراعاة المتطلبات الأساسية، إن كنت لا تقبل إلا الحشمة الكاملة اختر امرأة بها تلك الصفة أو اشترط عليها هذا بحيث تدخل بيتك بالشكل الذي ترضاه أنت، لديك مشكلة مع امرأة لا تجيد أعمال البيت لا تتزوج إلا امرأة تصلح لهذه الأعمال.

جاء رجل إلى سيدنا عمر بن الخطاب صاحب رسول الله وخليفة المسلمين وثاني الخلفاء الراشدين يستشيره في طلاق زوجته، فقال له عمر: **(لا تفعل)**، فقال الرجل: **(لكني لا أحبها)**، فقال عمر: **(ويحك، وكم من البيوت تُبنى على الحب؟ وأين الرعاية؟ وأين التذمم؟)**.

جاء في راوية أخرى أن رجلاً سأل زوجته: (هل تبغضيني؟)، فقالت: (نعم)، فقام بتطليقها، فقال لها عمر: (فلتكذب إحداهن ولتتجمل، فليس كل البيوت تُبنى على الحب، ولكن معاشرة على الأحساب والإسلام).

الزواج الذي يتضمنه الحب هو الصورة الأكمل للزواج، لكن العلاقة التي تخلو منه لم تفتقر إلى مقومات النجاح؛ فالأصل في نجاح العلاقة هي المودة، والرحمة، والتحلي بالأخلاق والاحترام المُتبادل والتزام كل طرف بواجباته والسعي لتأدية حقوق الطرف الآخر، الحب من المشاعر الجميلة واللطيفة التي تساهم في كمال جمال العلاقة، ولكن افتقاده وإن كان يقلل من جودتها، فإنه لا يفشلها إطلاقًا، ويقول تبارك وتعالى: (فَإِنْ كَرِهْتُمُوهُنَّ فَعَسَى أَنْ تَكْرَهُوا شَيْئًا وَيَجْعَلَ اللَّهُ فِيهِ خَيْرًا كَثِيرًا).

ما يجعل علاقة الزواج تتحرك وتكمل ليس الحب، وليس الاهتمام والتضحية، وليس المشاعر الصادقة، وإنما الالتزام بالواجبات الحياتية والجنسية، عند التزام كل فرد بواجبه وأداء دوره تنجح العلاقة غالبًا وإن خلت من الحب والمشاعر ربما تصبح بذلك علاقة باهتة غير وردية، ولكنها تظل تتحرك، أما إذا حدث العكس وامتلأت بالمشاعر وخلت من الالتزام فسرعان ما يطالب كل طرف بحقوقه التي عند الآخر، ويشعر بالضيق والضجر ويتحول الحب لكراهية.

وصلنا لحقبة زمنية أصبحت الأفكار فيها غريبة مختلفة عما كانت سابقًا منافية للعرف والشرع، تجد الأزواج يكتفون بطفل أو اثنين بدعوى عدم القدرة على تحمل تكاليفهم وهذا من سوء الظن بالله، وخلل في التوحيد وقد ضمن الله الرزق للإنسان فيقول الله ـعز و جلـ (وَلَا تَقْتُلُوا أَوْلَادَكُمْ خَشْيَةَ إِمْلَاقٍ نَحْنُ نَرْزُقُهُمْ وَإِيَّاكُمْ إِنَّ قَتْلَهُمْ كَانَ خِطْئًا كَبِيرًا).

والبعض يكتفي بأسرة صغيرة لا يسعى للكثرة، وهذا عكس ما أمرنا به رسول الله، فقال: (تناكحوا فتكاثروا فإني مباه بكم الأمم يوم القيامة) كما أن الواقع يرينا أن الكثرة قوة، بشرط ترشيد تلك الكثرة كما في اليابان والصين.

تغير المعتاد في سن الزواج، فأصبح الشباب القادرون على الزواج يؤخرون الزواج إلى ما بعد الثلاثين ظنًّا منهم بعدم قدرتهم على تحمل مسئولية؛ كالزواج على الرغم بأنهم لن يكتشفوا إن كانوا قادرين على تحمل مسئوليته أولا إلا إن تزوجوا، يوجد من هم متزوجون في أوائل العشرينات وتمكنوا من تحمل تلك المسئولية، إلا إذا عدم قدرة أولئك الشباب على تحمل المسئولية في المطلق فلا يلائمهم الزواج إطلاقًا، كما أن المسئولية صعبة وثقيلة تحتاج إلى محاربين ليحملوها، والجميع يقدر على حملها مادام يعافر في رحلة الحياة وعدم القدرة عليها هو في الحقيقة تكاسل ولامبالاة.

البعض الآخر يؤخره حتى يصل لمستوى من النضج يكون به قادرًا على الحياة الزوجية، ذاك النضج لن يصل له الإنسان مطلقًا إلا إذا تزوج، فسواء تزوج عشرينيًا أو ثلاثنيًا فسيواجه نفس الصعوبات، فمتى بدأ في الطريق بدأ نضجه، كل ما يحتاجه الإنسان للوصول لذاك النضج هو إدراك قيمة الزواج، والتشارك، وقيمه، وأخلاقه، وحدوده، ودور كل طرف فيه، سواء أدرك الإنسان هذا عند العشرين أو الثلاثين أو حتى الأربعين يكون مستعدًّا للزواج وبكل الأحوال سيتعرض المتزوج للمشاكل وإن تزوج في السبعين، وما يحتاجه للمضي فيه هو إدراك كل ما يتعلق بالزواج قبل حدوثه، وإدراك هذا لا يحتاج لعبقرية أو ما شابه، فهو مذكور في الشرع والفقه ويسهل شرحه واستيعابه.

قال النبي ـصلى الله عليه وسلمـ: (من استطاع منكم الباءة فليتزوج) فيكفي أن يوصي به النبي فلا وضع سنًّا، ولا وضع شروطًا للخبرة، أما من لم يستطع فعليه بالصبر، والصوم وكان حق على الله مساعدة الشاب الذي يسعى للعفة.

الزواج لا يقتصر على الأغنياء فقط، وإن كان قد حث النبي الأغنياء على الزواج، لكن لا يحتكر عليهم؛ فالفقير أيضًا عليه بالزواج فلا ينتظر حتى يصبح غنيًّا فقد لا يصبح ويبقى فقيرًا طوال عمره، كما أنه قد يُرزق بالمال بعد أن يتزوج وذاك الغني قد يُفلس.

بالإمكان القول بأن زواج المرء مُقدر له، وجب عليه تحري الدقة في الاختيار، لكن يبقى الله الموفق؛ فالزواج جمع بين الإيمان بالقدر والأخذ بأسباب الاختيار، الإيمان بأنه قدر يخلق أريحية في قلوب الخلق، لا يُصاب المرء بالحزن لو لم يتزوج إحداهن؛ لذا لنرضى بقضاء الله ولنمضِ قدمًا، ولنعش بهدوء.

الفصل الثالث
الشهوة

الشهوة

كان الله وحده عندما لم يكن سواه فابتدع بعلم وحكمة ما وجب ابتداعه، وترك خلق ما لا يجب خلقه، هو الأعلم بخلقه قد علم كل شيء فخلق كل ما هو مخلوق وأوجد كل موجود.

فإذا بالله يقول لملائكته كما روى لنا محكم التنزيل "وإذ قال ربك للملائكة إني جاعل في الأرض خليفة" إشارة إلى خلق آدم ـعليه السلامـ وزوجه حواء وتخليفهما في الأرض.

بعد نزولهما الأرض كان ينبغي للبشرية أن تستمر، فضل من الله علينا فتناكحا آدم وحواء، وكانا أول من تناكحا وثوارث منه ذلك نسله لإبقاء الجنس البشري؛ فالنكاح وسيلة الإنجاب وقد قال في ذلك رسول الله ـصلى الله عليه وسلمـ (تناكحوا فتكاثروا فإني مباه بكم الأمم يوم القيامة).

النكاح هو اللفظ المُستخدم للتعبير عن ماهيته في الشرع الشريف، ونحن نسميه الجنس الذي إذا ما كان الحديث عنه نجد أن الجميع يستمع بإنصات، وكيف لا وهو أفضل متع الدنيا، فوصفها البعض بأنها قطعة من متع الجنة، وقد خلق الله شهوة ممارسته في نفوس البشر وهي أصعب المتع مقاومة.

شهوة الجنس لها محاور عديدة؛ فهي لا تتعلق فقط بما نطلق عليه (الجماع) الذي ينتهي بالقذف وهو الخطوة الأخيرة الأقصى في ترتيب العلاقة الجنسية، ولكن قبل ذلك هناك متع أخرى أقل في درجة الإمتاع؛ كالنظر إلى النساء ومفاتنهم، والتعامل معهم؛ كالمحادثة، والمصادقة، والملاطفة أو التقبيل والمداعبة استعدادًا لإقامة علاقة.

عندما أُرسل الله الحبيب المصطفى بالإسلام وضع حدودًا تدريجية شارحة للعلاقة بين الرجل والمرأة ببعضها في المجتمع فالخالق ــ عز وجل ــ أعلم بخلقه وبما يجب فرضه وماهية الحدود التي تسيطر على شهوات الإنسان.

كان لا بد من حتمية خلق تلك الشهوة بالأنفس لتستمر البشرية، ولكنها تعلقت كذلك بذنوب نهى عنها رب العباد، وهي إقامة أي متعة متعلقة بالجنس وأقلها النظر، وأقصاها الجماع مادامت تلك المتعة خارج علاقات الزواج التي تكون على سنة الله ورسوله.

حساسية الجنس وأموره وما يُخلق فيه الحياء يرجع لطبيعته وتعلقه بما تستره الثياب، ولكونه قائمًا على علاقة بين رجل وامرأة بكل ما قد تحتويه العلاقة من ميول، كما أن آدم وحواء سترا أجسادهما بأوراق الشجر حين رأوا عورات بعضهما البعض بعد ما أكلا من الشجرة، فذهب عنهم العمى، سوف نجد أن الأمر كله أساسه فطرة الإنسان التي تحثه على الحياء.

الجنس نفسه وطريقة التزاوج لا تحتاج للدراسة أو التعلم؛ فالجميع يعلم ما يجب فعله لإتمام ذلك تلقائيًّا؛ فهذه السجية التي خلق الله عليها خلقه؛ ولذلك نجد الحيوانات في الغابات يتكاثرون على الرغم من أنه لم يعلمهم أحد، أما ثقافة الجنس والخطوات الحضارية التي يجب اتباعها فيه، وكيفية التعامل اللطيف بين الزوجين يجب تعلمها وإن افتقر إليها الإنسان نكح زوجه بغباء وعشوائية لعدم معرفته للأساليب اللازمة لفعل ذلك، مما يؤدي إلى خلق الرهبة والخوف في قلب شريكه، وقد يؤدي ذلك إلى إفساد الزواج، وقد سمعنا بالفعل الكثير عن أمور كهذه.

هناك قضايا عديدة تتعلق بالجنس، ولكل قضية قدر من الخطر والتأثير السلبي على الأفراد والمجتمعات، على رأس تلك القضايا قضية ذاع صيتها بين العامة ولم يمتنع أحد عن إبداء رأيه فيها، وهي التحرش.

كان لي قول عن التحرش سابقًا، كان قولي كقول الغالبية من الناس فرفضت أن يكون للمرأة ذنب في هذا الفعل ولم يقتنع عقلي أنذاك بأن يكون هناك أسباب للتحرش حتى جاءتني تلك الفكرة يومًا والتي مفادها لو أن كل امرأة ارتدت ملابس محتشمة لا تثير شهوة ولا تحرك غريرة، ستقل نسب التحرش.

تزامن ذلك مع قول الدكتور (عبدالله رشدي) عن الأمر الذي استخرج لب القضية، فقال: أن قضية التحرش لها ثلاثة محاور وهي: سبب الفعل، وتصنيفه، والمبرر للفعل.

أما عن السبب؛ فالأسباب عديدة منها: ثياب النساء التي تحفز الرجل وتثيره، ورغبة الرجل في التحرش بغض النظر عن الفريسة المُستهدفة بهدف تفريغ الطاقة الجنسية العالقة بداخله، وعدم الزواج، وعدم القدرة المادية عليه، وقد يكون مرضًا أُصيب به الرجل نتيجة عوامل نفسية أو اجتماعية.

مهما كان السبب فإن تصنيف الفعل وهو المحور الثاني يكون جريمة، وتحت محور المبرر تكتب لا مبرر له.

كل ما هو دون سبب ملابس المرأة يقع على عاتق الأهالي لكثرة طلباتهم، فلا يقوى الشباب عليها وعلى الأُسر التي تتسبب في إنتاج مرضى نفسيين، وعلى الشباب الذين أمرهم الله بحفظ فروجهم، ولكنهم لم يصونوا أنفسهم ووقعوا ضحية لشهوة التحرش.

أما النسبة الأكبر للتحرش تقع نتيجة استفزاز ثياب النساء وهنا يجب أن يُقال أنه كلما زادت نسبة الاحتشام في مجتمع ما قلت نسبة التحرش فيه مع العلم أنه لو وصلت نسبة الاحتشام لقمتها ولم تبقَ امرأة واحدة بدون احتشام ستقل نسب التحرش كثيرًا، ولكنها لن تقل إلى الصفر أبدًا وإنما سيتواجد حالات تحرش.

المجتمعات الأوروبية هي الأخرى لم تخلُ من التحرش يومًا، على عكس ما يظنه بعض النقاد، ولكن احتوت على أمر جعلت من التحرش هدفًا ثانويًا لرجال تلك المجتمعات، وهذا الأمر هو إمكانية ممارسة الجنس بسهولة، فلن يستبد لو ما هو أمتع (الجنس) بما هو أدنى (التحرش).

هناك أمر آخر كان مستورًا لم يتحدث عنه أحد بوضوح علمنا بوجوده سابقًا، ولكنه لم يخرج إلى العلن بتلك الطريقة التي هو عليها الآن، كان يُخجل من كان يفعله حين يعترف به، أما الآن أصبح يتبجح ويتهم من ينقد فعله بالتطرف.

كان حديث اللاعب المصري الشريف (محمد أبو تريكة) ومحلل قنوات بين سبورت القطرية عن المثلية نقطة تحول في تاريخها، فخرجت إلى العلن بقوة، وأصبحت حديث الجميع.

عُرفت المثلية لأول مرة في قوم لوط الذين خسف الله بهم الأرض؛ عقابًا على فعلتهم، وقيل أنها كانت تُمارس عند الفراعنة منذ حوالي 3600 سنة، ولكن لم يثبت ذلك.

تطورت عبر العصور وزادت بكثرة، وبدأت تأخذ شكلًا في المجتمع منذ عام 1798 حتى وصلت اليوم إلى ما يعرف بمجتمع (LGBTQ) حتى وصل الأمر بالناس إلى اعتبارها حق لا يُمنع منه أحد.

المثلية هي في الحقيقة مرض يُصاب به الإنسان نتيجة بعض المؤثرات النفسية أو الاجتماعية أو الصحية أو الفسيولوجية.

هناك فروض تقول أن المثلية جينية، أي فطرية غير مكتسبة يُولد بها الإنسان، لكن الفروض تبقى فروضًا، حيث إذا ما تحدثت إليك كمسلم أو كتابع لإحدى الديانات السماوية، أن المثلية لا يمكن أن تكون فطرية.

لا يمكن أن يكون ميولك ناحية شيء معين ويأمرك الله بتغير تلك الميول؛ لأن الفطرة والسجية لا تتغير، كذلك الشهوة سجية لا يمكن تغيرها تمامًا؛ كلون العيون أو الطول أو عدد الأصابع.

لكن يمكن أن يفطرك الله على ميول ويؤمرك أن تمارسها في حدود معينة، كأن يخلق بداخلك شهوة طبيعية، ويأمرك ألا تمارسها إلا في حدود الزواج، وتوجب عليك مقاومتها مادامت خارج تلك الحدود.

كما أوضحنا عندما أنزل الله في الأرض آدم كان أسلوب التكاثر طبيعي كما خلقه الله ولم يظهر مصطلح المثليه إلا عندما بدأ الإنسان في فهم الغريزة، وحاول التغير فيها كأن يغير جنسه، وبدء ظهور المشاكل النفسية، والاجتماعية التي تؤدي إلى ذلك.

بديهيًّا لا يمكن للمثلية أن تكون فطرية إطلاقًا فطريقة تكاثر الكائنات الحية الأخرى كفيلة لفهم الفطرة فيتروج الذكر مع الأنثى، كما أن المثلية؛ كحب الرجال لبعض أو النساء لبعض لا تثمر بالأطفال والدين هم العلة الرئيسية للزواج فلا نجد حاجة لأولئك المثليين ولا منفعة.

أصبحت معظم الشركات حتى الكبيرة مثل: (جوجل) و (فيسبوك) تدعم المثلية نظرًا؛ لأن دعم المثلية تشير إلى احترام الحريات، كما أنهم يتقاضون أجرًا على ذلك.

المشكلة الكبرى تنبع من قنوات الكرتون الخاصة بالأطفال التي هي الأخرى تدعم المثلية، وهناك بعض مظاهر المثلية في برامج تلك القنوات في الوقت الذي يجب على الأطفال فيه ألا يعلمون شيئًا عن الجنس بوجه العموم، وهذا سعيًا منهم للتأثير على الأطفال لإنتاج أجيالاً تدعم المثلية ولا تنتقدها.

التعمق أكثر في مسألة المثلية التي تعد حدثًا في مراحل التطور يصل بنا الأمر بعد حين من الزمن إلى توجه الشهوة نحو الحيوانات وكله تحت

شعار احترام الحريات، ولا تندهش من أمر كهذا فإذا عدت بالزمن قبل قرون لتجد استحالة حدوث أمر كالمثلية، كذلك هذا التطور.

يبقى الأمر الأسوأ عن الجنس، الإلمام بطبيعة الجنس وتوضيح حدوده حلالها وحرامها وحتى لو تخطينا الحدود، ولكن لا تضيع المعالم، فلا خطورة في ذلك، إنما كل الخطورة تكون في تضييع المعالم، وتدليس الأساسيات، ومحاولة تغيير الأحكام الشرعية عنه.

أصبحت المحاولات التي تسعى لتضليل الثقافة والفكر الجنسي واضحة جدًّا سواء كان ذلك في الأعمال السينمائية أو امتلاك أشخاص على أرض الواقع لتلك الأفكار ومحاولة طرحها وإثباتها، ونظرًا لأن تلك الأعمال لم تخلُ من أي بيت فأصبحت تتواجد في كل مكان وعلى الدوام أصبح الأمر خطيرًا ومخيفًا.

الفصل الرابع
الحب

الحب

أوجد الله عز وجل الإنسان على هيئة وبنية عظيمة، فتبارك الله أحسن الخالقين، فخلق الإنسان بالشكل الأمثل، ووضع فيه الصفات والشهوات التي تستدعي التعمير وإبقاء الجنس البشري، فلم يخلق _حاشا لله_ عبثًا، ولكن خلق بحكمة.

أوجد في طيات تلك البنية صفة إنسانية كان لها بعض الدور في استمرار الجنس البشري وهي صفة الحب، والحب هو شعور بداخل الإنسان مترتب على ظواهر وأحداث ومواقف ومشاعر يشعر فيها الفرد بالرغبة في المشاركة، والحديث، والبقاء مع فرد آخر وهذا الشعور لا يُلاحظ، ولكن يُلاحظ توابعه من التلهف، والاهتمام، والخوف، والتقدير، والاحترام.

للحب أنواع عديدة في حياة البشر؛ فهناك حب الأم لابنها، وحب الابن لأمه، وحب الأب لابنه، وحب الإخوة والأخوات، وحب الأصدقاء والجيران، وحب الأقارب، والكثير من أنواع الحب، ولعل أقوى أنواع الحب، وهو الحب الفطري الوحيد هو حب الأم لابنها فهو الحب الوحيد الذي يخلقه الله في قلب الأم لا تخلقه مواقف ولا أحداث فيولد الطفل وأمه حاملة له كل الحب.

أول ما يتدفق إلى الأذهان عند ذكر الحب، هو الحب الجنسي الذي يميل فيه المرأة والرجل لبعضهما أو أحدهما للآخر، إن مشاعر الحب هذا نقية جدًّا وتبتعد كل البعد عن الأفكار الجنسية، إلا أنه نجدها تعتمد أساسًا على الجنس، فلولا شهوة الجنس ما كان الحب؛ فالإنسان العادي تتوجه مشاعر حبه ناحية الجنس الآخر، أما الإنسان المثلي تتوجه مشاعر حبه نحو أفراد جنسه، والإنسان الذي تضعف شهوته تضعف مشاعر حبه،

والذي تقوى شهوته تقوى مشاعر حبه، كما أن الإنسان يحب ليتزوج وفي الزواج يكون الأداء الجنسي، وإن لم يتزوج كدول الغرب يسعى الحبيبين لممارسة الجنس، وتعتقد بعض الثقافات أن ممارسة الجنس هو أفضل تجسيد للحب.

الحب شعور غير عقلاني لا يراعي سنًّا؛ فيصيب الصغير والكبير ولا ظروف اجتماعية؛ فيصيب المتزوج والأعزب ولا ظروف مادية؛ فيصيب الفقير والغني، كما أنه شعور أناني، فيكون للمرء رغبة في الارتباط بالطرف الآخر حتى لو لم يرغب الطرف الآخر بذلك، ويسعى المحب بكافة الطرق لإقناع الطرف المحبوب وإن كان المحب من الأقوياء ماديًا أو من لهم سلطان وكان على قدر كبير من الأنانية سعى لإخضاع محبوبه بالتهديد والإكراه.

علاقات الحب مادامت خارج الزواج فهي محرمة قولًا واحدًا، شعور الحب ذاته ليس محرمًا؛ لأنه لا إرادي، ولكن ما ينتج عنه من اتصال وتواصل غير شرعي يكون محرمًا.

الحب الجنسي مختلف كل الاختلاف عن جميع أنواع الحب، أولًا: لمتعته، ثانيًا: لاختلاف طريقة نشأته؛ فيبدأ هذا الحب بإعجاب فإذا واجهه الفرد مات واندثر وإذا ترك له العنان فاق وتطور، هذا عند الطرف الذي قد يعترف بالحب، أما عند الطرف الآخر المُعترف له فقد يقع في هذه اللحظة حبيس شهواته، فيعجب بحب الآخر له أو يستسلم؛ لكي يشبع الحاجات العاطفية أو يوافق؛ لأنه يحب الآخر بالفعل أو يتعقل ويفكر في الفرصة، ثم يوافق أو يرفض، وأخيرًا قد يرفض قولًا واحدًا.

الإعجاب الذي هو بذرة الحب يبدأ هو الآخر بميول طفيفة، فتلك الميول قد تكون في المقام الأول، من ناحية الجمال إذا كان المحب، رجلًا، وقد يميل المرء إلى مرأة ليست جميلة في الواقع، ولكن عيناه زينتها له

فيراها فاتنة الجمال، ومن ناحية الشخصية أو المال في المقام الأول إذا كان المحب امرأة، وهناك ميول أخرى من كلا الطرفين قد تكون من ناحية الطبع أو طريقة التعامل أو الاحترام أو أن تطور المواقف مع شخص معين خلقت تلك الميول لكلا الطرفين أو لأحدهما.

إن الطيور على أشكالها تقع؛ فيكون الحب غالبًا بين الأفراد من نفس الدرجة المادية والاجتماعية، أو درجاتهم متقاربة، ولكن قد يميل القلة القليلة نحو من هو أعلى بكثير أو من هم أدنى بكثير، والذي غالبًا يبوء حبهم بالفشل لكثير من الأسباب، وربما يحب المرء من هي شديدة الجمال، وشديدة الغنى، ومن الطبقة الاجتماعية العليا، ولكن لا يكون هذا الحب للارتباط كحب أحد العامة لإحدى الممثلات.

مشاعر الحب هي الأقرب لسعادة الإنسان؛ فتخلق جوًّا من التناغم والعاطفة، والنشوة، يجد فيه الفرد الرضا والطمأنينة؛ فيشعر كأنما ملك العالم بأسره، ويكون مستعدًّا للتضحية بالكثير في سبيل بقاء ذلك الشعور عامرًا.

يمكن لأي شخص أن يحب أكثر من مرة، وهذا لا يعني وجوب ذلك، فيقول أحد الشعراء:

قلب فؤادك حيث شئت من الهوى

ما الحب إلا للحبيب الأول

ويقول أخر

دع حب أول من كلفت بحبه

ما الحب إلا للحبيب الآخر

ما قد ولى لا ارتجاع لطيبه

هل غائب اللذات مثل الحاضر

ويقول ثالث

قلبى رهين بالهوى المقتبل

فيا ويل لى فى الحب إن لم أعدل

أنا مبتلٍ ببليتين من الهوى

شوق إلى الثانى وذكر الأول

فكل يحكي تجربته الخاصة، ولكن وصلنا إلى إمكانية حب الشخص لأكثر من مرة.

كذلك نجد أن جميع أنواع الحب يمكن أن تتكرر؛ فتحب الأم جميع أبنائها، ويحب الرجل جميع أصدقائه، وغيره من أشكال الحب، فمن الطبيعي ترتيبيًّا سيكون هذا الحب كغيره أي يمكن تكراره مع أكثر من شخص.

توصلت الدراسات والأبحاث إلى أن الحب له فوائد جسدية، ونفسية وكلها مرتبطة بالحب مادام حيًّا فى قلب الشريكين، ولكن ماذا لو كان غير ذلك؟

✔ ماذا لو مات الحب أو فشل؟

✔ هل يكون الاكتئاب نتيجة طبيعية لعلاقات الحب تلك التي باءت بالانفصال أو تلك المشاعر التى تكون من طرف واحد؟

تتعدد أسباب الحزن الناتج عن الانفصال؛ فالبعض يحزن نتيجة أن حبه كان من طرف واحد ولم يلقَ نفس المشاعر ممن أحب، وبعض العلاقات ساهمت الظروف فى إفشالها، والبعض الآخر غدر فيه أحد الطرفين بالآخر فأعطى وعودًا وأخلف لأي سبب من الأسباب.

تقول الفطرة الإنسانية أن أي شيء يحدث يخالف أمنيات الإنسان ورغباته تحزنه، فمن الطبيعي عندما يتمنى أحدهم شخصًا معينًا ولا يحصل عليه خاصة إذا أعطى حبًا وطاقة فى هذا الارتباط.

أما عن مرضك واكتئابك، وعزلتك، وظنك بأنك لن تتخطى المحنة، فهو ظن خطأ، حيث كما قلنا أن الحب الفطري الوحيد الذى هو أقوى أنواع الحب باكتساح هو حب الأم لابنها، فإذا ما فقدت الأم ذاك الولد حزنت حزنًا شديدًا؛ فيعالج الوقت جراحها وتعيش وتتعايش وتكون كسائر الخلق، تحب المال وتسعى له، لديها شهواتها ورغباتها، تريد الاستمتاع بوقتها وبالحياة.

فعندما يكون للأم القدرة على الإكمال والتعايش فنتأكد أن كل من فقد عزيزًا أو غاليًا يستطيع الإكمال والتعايش، مع العلم أنه تختلف القدرة على التعايش والنسيان من أم إلى أخرى، ويؤثر فى ذلك عدة عوامل؛ كمدى الحب، وعدد الأولاد في الأسرة، ومدى قوة الأم وتحملها، وقد تتعايش بعض الأمهات، ولكن لا يقدرون على النسيان، أما لأي نوع آخر من الحب فالجميع قادر على التعايش والنسيان، ويختلف ذلك تبعًا لبعض العوامل؛ كقوة الحب، مدى قرب المحب جغرافيًا منك، كيفية الانفصال، وعوامل أخرى كثيرة.

يقول الله عز وجل في كتابه الكريم: (لَا يُكَلِّفُ اللهُ نَفْسًا إِلَّا وُسْعَهَا لَهَا مَا كَسَبَتْ وَعَلَيْهَا مَا اكْتَسَبَتْ رَبَّنَا لَا تُؤَاخِذْنَا إِنْ نَسِينَا أَوْ أَخْطَأْنَا رَبَّنَا وَلَا تَحْمِلْ عَلَيْنَا إِصْرًا كَمَا حَمَلْتَهُ عَلَى الَّذِينَ مِنْ قَبْلِنَا رَبَّنَا وَلَا تُحَمِّلْنَا مَا لَا طَاقَةَ لَنَا بِهِ وَاعْفُ عَنَّا وَاغْفِرْ لَنَا وَارْحَمْنَا أَنْتَ مَوْلَانَا فَانْصُرْنَا عَلَى الْقَوْمِ الْكَافِرِينَ) فتلك الأم التى فقدت ولدها ستتخطى، وذاك الذي انفصل عن زوجته سيتخطى، فكل محنة يضع الله الإنسان فيها يكون الإنسان قادرًا على التخطى والإكمال من بعد ذلك.

أما عن مسببات أسباب الحزن فغالبًا ما يكون التعلق بالشخص المحبوب، وهناك مسببات أخرى منها: وهم الإنسان لنفسه أن سعادته معتمدة بشكل أوّلي على من فقده، وعدم قدرته على العيش بدونه أو

حسرته على كل الأيام والأوقات التي قضاها مع شخص رحل في النهاية، أو الرغبة في مشاركة ذلك الشخص الحياة.

أما عن تلك القصص والروايات التي من المفترض أن تكون سعيدة، تلك التي تكتمل وتنتهي بالزواج، ما حالها؟

الزواج الناتج عن الحب يكون فاشلًا بنسبة كبيرة، وقد أشارت الدراسات والإحصائيات أن الزواج التقليدي أنجح بكثير من الزواج عن حب؛ وذلك لأن الميول الذي يخلقه الحب يكون ناحية صفة واحدة أو اثنتين لا يراعي باقي الصفات ولا مدى تناسبك مع من أحببت، تتغاضى عن بعض العيوب التي لن تستطيع تحملها، ثم تندم بعد ذلك أو تنسى ماضيه السيئ بعض الوقت، ثم تعود لتذكره ولا تحتمل العيش هكذا، وأحيانًا تصدف وتكون مناسبة لك.

أما الزواج التقليدي يعطيك الفرصة للاختيار، والتفكير، والتعقل غير مسيطر عليك بميول قلبية أو إعجاب، كما أن هناك مبدأ جميل يقول أن الزواج (أي الخطوبة) ثم الحب ولو تغير الترتيب فسدت العلاقة.

وإن أكرمك الله ووجدت في محبوبتك بعد أن تزوجتها تناسب معك وشعرت بالراحة معها فذاك التلهف الذي سكن قلبك لها يختفي تمامًا بعد فترة؛ لأن ذاك التلهف كان بسبب بعدك عنها ورغبتك فيها، ويصبح ذلك الشخص الذي يشاركك الفراش هو رفيق في رحلة الحياة، مشاركًا في مؤسسة الأسرة، فيختفي التلهف الذي هو الوقود الحيوي للحب، ويتحول إلى مودة ورحمة، قال تعالى: (وَمِنْ آيَاتِهِ أَنْ خَلَقَ لَكُمْ مِنْ أَنْفُسِكُمْ أَزْوَاجًا لِتَسْكُنُوا إِلَيْهَا وَجَعَلَ بَيْنَكُمْ مَوَدَّةً وَرَحْمَةً).

هناك بعض العوامل التي لها تأثير كبير في استمرار علاقات الزواج سواء كانت، عن حب، أو تقليدية وهي: الاحترام، والتقدير، والثقة، وبالطبع المال.

الحب يبدأ بإعجاب، والإعجاب يبدأ بميول طفيفة جدًّا فإذا ما قاومها الإنسان ماتت بداخله، وإذا ما ترك لها العنان تملكته، فمن قاوم وابتعد عن الحب غنم وسلم.

يا أيها البشر حافظوا على قلوبكم من داء الحب، ومرض التعلق، تلك القصص التي تحدث قبل الزواج قد لا تُحمد نهايتها، لا تشغل قلبك بما يضره، ثم تشتكي مرارة الفقد أو الحب الأحادي، اتقِ الله، اضبط بصرك، ثم إعجابك، ثم قلبك، وقاوم مشاعرك تقتلها قبل أن تهلكك وتقي نفسك وقلبك مصارع الحب.

الفصل الخامس معشر النساء

معشر النساء

في لحظة زمنية فارقة في الخط الزمني القائم؛ فكان الله ولم يكن سواه ما تحته هواء وما فوقه هواء، ثم بدأ الله بخلق الخلائق، خلق فهو الخالق، خلق القلم، والماء، والعرش، خلق الملائكة، والسماوات والأرض، خلق النجوم، والكواكب، والأقمار.

خلق الله آدم من تراب، ثم خلق منه حواء، وسميت حواء؛ لأنها خُلقت من شيء حي، خُلقت من ضلع أعوج من ضلوع القفص الصدري لآدم، خلقت من أعوج لتزيد صلابة وتكثر تحملاً، فلو أنها خلقت من مستقيم لكانت ضعيفة هينة، فكلما اعوجّ الشيء زادت قوته وصلابته.

أسكن الله آدم الجنة، وخلق حواء ليسكن آدم إليها، وبعد أن أكل آدم من الشجرة وتبينت حقيقة إبليس دقت ساعة نزول آدم الأرض.

مر من الوقت ما مر على آدم في الأرض، وتكاثر وأنجب ومات، ومات من نسله ما مات، وأكلمت البشرية، وكونت الحضارات، والثقافات، والهويات، والقوميات، وأُكتشفت العلوم والفنون، وانتشرت الأديان.

اختلفت الثقافات في اعتقاداتها، وتقاليدها، وأساليبها في بعض الأمور، وتشابهت في أمور أخرى، على سبيل المثال كانت المرأة في الحضارة الإغريقية مُهانة، مُحقرة، حتى أنهم أسموها رجس من عمل الشيطان، كانت كالمتاع تُباع وتشترى، أما المرأة في الحضارة البابلية كانت عديمة الأهلية، محرومةٌ من حقوقها، كانت مملوكة وليست مالكة سواء كان للزوج أو الأب، وأيضًا ليس لها الحق في أن ترث زوجها بعد موتهِ أو ترث من والدها، والمرأة السومرية كانت تعامل مُعاملة فظة وقاسية، فلم تكنْ معاملتها أحسن مقارنة بالبلدان المجاورة، وذلك على الصعيد الاجتماعي، ومن حيث حريتها وكرامتها فكان يحق للزوج أن يبيع زوجتهِ إذا كثرت ديونه،

وأما عن حالها في الجاهلية كان العرب في الجاهلية ينظرون إلى المرأة على أنها متاع من الأمتعة التي يمتلكونها، مثل: الأموال والبهائم، ويتصرفون فيها كيف شاؤوا، وكان العرب لا يورثون المرأة، ويرون أن ليس لها حق في الإرث وكانوا يقولون: لا يرثنا إلا من يحمل السيف، وكذلك لم يكن للمرأة على زوجها أي حق، وليس للطلاق عدد محدود، وليس لتعدد الزوجات عدد معين، وكان العرب إذا مات الرجل وله زوجة وأولاد من غيرها، كان الولد الأكبر أحق بزوجة أبيه من غيره، فهو يعتبرها إرثًا كبقية أموال أبيه.

ظل حال المرأة متذبذبًا ومتنوعًا على اختلاف الثقافات؛ فمنهم من قدر المرأة والمعظم قد حقرها حتى جاء أعظم الخلق أجمعين بالإسلام؛ فدعا بوحي من الله إلى احترام المرأة وتقديرها؛ فأصبح قتلها محرمًا، ومن يقتلها يقتل بالمثل، أصبح لها الحق في الميراث، ولها الحق في الامتلاك، حرم عبوديتها، أصبحت الأم التي أوصى النبى عليها ثلاثًا، وأوصى على الأب مرة، أمر الله بطاعتها وعدم عقوقها ومن لا يفعل فقد أذنب، أصبحت الأخت التي زرع الله فى قلوب إخوتها الغيرة، والنخوة؛ للمحافظة عليها، أصبحت الزوجة التي أمر الإسلام باحترامها وتقديرها، والحفاظ على حقوقها وضمن لها الحقوق، أصبحت الابنة التي قال النبي عنها **(لا تكرهوا البنات فهن المؤنسات الغاليات)** التي إذا أحسن تربيتها تأخذ بيد أبيها إلى الجنة، وأنزل الله في كتابه المجيد سورة تحمل اسم (النساء).

أثبتت المرأة عندما أعطاها الإسلام حقها وضمنه لها أنها ليست بشيء قليل أبدًا ولم يخلقها الله عبثًا _حاشا لله_؛ بل خلقها الله لفائدة تُرجى منها، فائدة لا غنى عنها؛ فهي نصف المجتمع، وتلد النصف الآخر، لا تكتمل شجرة الأسرة إلا بها؛ فهي الأم، والأخت، والزوجة، والابنة، برهنت حديثًا على أن إهانتها وتحقيرها في الحضارات القديمة كان خطأ

جسيمًا، وأثبتت عدم كونها مجرد مصرفًا لشهوة الرجل؛ فأصبحت مهندسة، وطبيبة، ومحامية، وداعية لدين الله، ومشاركة في نشر الإسلام، والغزوات، عندها قدرات ومهارات وأحيانًا تتغلب على الرجل، لها قدرة عجيبة على تحمل المصاعب والآلام.

على الرغم من انتشال الإسلام للمرأة من جهنم التي كانت بها، وإعطائها حقوقها كاملة إلا أنه مازال البعض ينتقد أمورًا وأحكامًا على المرأة قد جاء بها الإسلام، ولكن كل تلك الأحكام هي في الحقيقة دقيقة جدًّا، مراعية لطبيعة المرأة، وفطرتها، وشهوات الرجل ورغباته؛ فأما عن سبب خلق المرأة على هذه السجية، وعدم خلقها على سجية أخرى فلا علم لنا بذلك، هكذا خلقها الله لحكمة لا نعلمها، كما أن الله لا يُسأل عما يفعل.

من الانتقادات التي توجه للأحكام التي يعتقدون فيها الظلم للمرأة هي الميراث، حيث أن للذكر مثل حظ الانثيين؛ فظنوا أن الإسلام فضل الرجل على المرأة وأنه دين ذكوري، ولكنهم لم يعلموا أن هذه حالة واحدة من كثير من الحالات، فأحيانًا ترث المرأة مثل الرجل، وأحيانًا ترث ضعفه، وأحيانًا أخرى ترث ولا يرث الرجل شيئًا؛ فالمعيار في الميراث ليس الذكورة والأنوثة أبدًا، ولم يفضل الله الرجل على المرأة إطلاقًا.

يقول عز وجل في سورة النور: (وَقُلْ لِلْمُؤْمِنَاتِ يَغْضُضْنَ مِنْ أَبْصَارِهِنَّ وَيَحْفَظْنَ فُرُوجَهُنَّ وَلَا يُبْدِينَ زِينَتَهُنَّ إِلَّا مَا ظَهَرَ مِنْهَا وَلْيَضْرِبْنَ بِخُمُرِهِنَّ عَلَى جُيُوبِهِنَّ وَلَا يُبْدِينَ زِينَتَهُنَّ إِلَّا لِبُعُولَتِهِنَّ أَوْ آبَائِهِنَّ أَوْ آبَاءِ بُعُولَتِهِنَّ أَوْ أَبْنَائِهِنَّ أَوْ أَبْنَاءِ بُعُولَتِهِنَّ أَوْ إِخْوَانِهِنَّ أَوْ بَنِي إِخْوَانِهِنَّ أَوْ بَنِي أَخَوَاتِهِنَّ أَوْ نِسَائِهِنَّ أَوْ مَا مَلَكَتْ أَيْمَانُهُنَّ أَوِ التَّابِعِينَ غَيْرِ أُولِي الْإِرْبَةِ مِنَ الرِّجَالِ أَوِ الطِّفْلِ الَّذِينَ لَمْ يَظْهَرُوا عَلَى عَوْرَاتِ النِّسَاءِ وَلَا يَضْرِبْنَ بِأَرْجُلِهِنَّ لِيُعْلَمَ مَا يُخْفِينَ مِنْ زِينَتِهِنَّ وَتُوبُوا إِلَى اللهِ جَمِيعًا أَيُّهَا

الْمُؤْمِنُونَ لَعَلَّكُمْ تُفْلِحُونَ) وقد نصت الآية الكريمة على فرضية الحجاب، بقوله: وليضربن بخمرهن على جيوبهن.

ذكر عديد من العلماء والمفسرين نصوصًا عن الزي الشرعي لرداء المرأة، فقالوا: أن يكون فضفاضًا ليس بضيق، طويلاً ليس بقصير، أن يستر سائر الجسد ألا تكون ألوانه زاهية مثيرة ملفتة للعين، ولم يتم تحديد ألوان معينة، وألا يُرتدا أشياء تُحدِث صوتًا، وتجذب الانتباه؛ كالخلخال أن يغطوا رؤوسهم، ويكون الغطاء حتى فتحة جيب الصدر ولا يكون كأسنمة البخت المائلة، واختلف العلماء في إذا ما كان غطاء الرأس هذا يشمل الوجه أي النقاب أم لا يشمله أي الحجاب، ويقول جمهور أهل العلم أنه لا يشمله.

الحجاب لا يزيد جمال المرأة بأي شكل من الأشكال، وإن زاد جماله فإن به خلل؛ لأن الحجاب جُعل؛ ليستر الجمال ويخبئه إلا على من أباح الله لا ليزيد الجمال، والمكياج، وغيره من المجمّلات يجمل المرأة ولا يسوؤها؛ لذلك حرمه الله وإن كان يسوءها فإن به خلل، ولو تم ضبط المكياج بشكل صحيح سيجمل المرأة حتمًا.

يظن البعض ممن يزعمون أنفسهم فلاسفة أن الحجاب يضيق على المرأة ويكبح حريتها مع أن كل التعاليم الدينية تكبح حرية الإنسان فلم تأتِ تلك الأحكام على هوانا؛ بل نزلت لتكون حافزًا ليكبح كل ذي نفس نفسه ويقاومها، ولتضع سقفًا لحرية الإنسان، وجعل الله الثواب والعقاب لذلك، فلو ترك الإسلام الإنسان حرًّا فما كنا بحاجه إليه، فكما نزلت الأحكام والفروض كابحة لحرية المرأة، كذلك نزلت كابحة لحرية الرجل، ولكن فرض على المرأة ما يناسب طبيعتها، وفرض على الرجل ما يناسب طبيعته.

خلق الله المرأة جميلة الشكل حسنة المظهر شريفة، نقية، طاهرة، وخلقها ذات طابع معين يعلمه وحده، ونحاول نحن الاجتهاد لنفهمه، وعلم تأثير ذلك الطابع على الجنس الآخر المشاركين في الحياة؛ ففرض عليها ما يواري جمالها ويحفظ به نقاءها، وشرفها، وكذلك علم طبيعة الرجل؛ ففرض عليه ما يحفظ به نقاء المرأة وشرفها؛ كغض البصر وغيره؛ وبذلك يكون الله قد حفظ كل النساء بأحكامه وحفظ عرض الرجال كذلك وعفهم عن الرزيلة.

وضع الله ـعز وجلـ حدودًا واضحة شارحة للشكل المفروض للعلاقة بين الرجل والمرأة في منظومة الزواج، وبينهما خارج المنظومة، أما داخل المنظومة فقد وضح لكل منهما حقوقه وواجباته، أما خارج المنظومة فقد حُرم كل أشكال الاتصال والتواصل بدون داعٍ سواء على سبيل الحب، أو الصداقة، أو التسلية، أو ادعاء وجود مصلحة ومنفعة ونوايا القلوب سيئة، أما الداعي هو وجود مصالح فعلية بينهما تقتضي التواصل، وكذلك وضع لها حدودًا كأن لا يكون الحديث في خلوة تجمعهما لا لاستباحة النظر أو محاولة المزاح وعدم قول الكلمات المغمغة وأباح التواصل بغرض صلة الرحم، وذلك أيضًا بحدود، ووضع للاختلاط آداب، وقيل فيها لا تطل النظر، ولا تستبح الحديث، وكف عن المزاح، والزم الكُلفة، واجتنب حدوث الأُلفة، وإياك والخلوة، والكلام الذي له معنيان.

جعل الله في نفوس الرجال شعور يسمى الغيرة الذي يظهر في انفعال الرجل وعدم تقبله لبعض الأفعال التي تجمع محارمه مع الرجال الغرباء؛ كانكشاف الشعر أو الحديث سويًّا أو الزنا وغيره، ولا يمكن مناقشة أي شخص في غيرته أو إعطاء تبريرات؛ لأن ذلك لن يغير ماهية الشعور فالمشاعر لا تُناقش أبدًا.

عند تحليل الغيرة، ومحاولة معرفة مكوناتها، نجد أنها تتأثر بحدين هما صفات الإنسان الوراثية وبنيته الشخصية، والمؤثرات البيئية، والدينية، والثقافية والاجتماعية التي تؤثر فيه وينتج عن اختلاطهما بعض شخصية على قدر معين من الغيرة، ولكل شخص قدره الخاص.

يمكن تقسيم الغيرة لثلاثة أجزاء وهم: الاحتشام ومدى التواصل مع الجنس الآخر وممارسة الجنس ولكل جزء أربع درجات.

بالنسبة للاحتشام

- الدرجة الأولى: من لا يرضى إلا بالنقاب أو الخمار وباقي ضوابط الرداء كما نص عليه الإسلام.

- الدرجة الثانية: من يسمح بارتداء حجاب كما هو متعارف عليه الآن ذاك الذى هو غطاء للرأس، ولكن ليس بطويل كالخمار كما يسمح بعدم الالتزام بباقي ضوابط الرداء على أكمل وجه.

- الدرجة الثالثة: الذي يسمح بما هو أكثر كالبنطال والثياب الضيقة، وكشف الشعر وربما أجزاء من الجسد كالذراع.

- الدرجه الرابعة: وذاك النوع هو الذي يسمح بإظهار كل شيء إلا صدر المرأة وأثدائها ودبر المرأة، وعانتها، كأن يسمح لها بارتداء البكيني أو الملابس القصيرة.

بالنسبة للتعامل مع الجنس الآخر

وينقسم كذلك إلى أربع درجات.

- الدرجة الأولى: هو الذي لا يسمح بأي تواصل مع الجنس الآخر.
- الدرجة الثانية: الذي يسمح بالتواصل في حدود العمل أو الدراسة.

- الدرجة الثالثة: الذي يسمح بعلاقات الصداقة.

- الدرجة الرابعة: الذي يسمح بعلاقات الحب والارتباط اللفظية غير مصحوبة بممارسات جنسية.

بالنسبة لممارسة الجنس

وهذا الجزء له درجة واحدة فقط وهي السماح بالزنا.

جميع هؤلاء عدا من يسمح بالزنا عندهم غيره، ولكن لكل واحد درجة معينة من الغيرة؛ فهناك من يسمح بإظهار الشعر، وتبدأ غيرته فيما زاد عن ذلك؛ كإظهار بعض أجزاء الجسد كالخصر وهناك من يسمح بعلاقات الصداقة، وتبدأ غيرته إن زاد عن ذلك؛ كالوصول لعلاقات الحب.

لا يكون انعدام الغيرة إلا في حالة السماح بالزنا، وممارسة الجنس ولا يوجد ما هو أدنى من ذلك، فهذا هو القاع ومادام لم يصل الرجل لهذه الدرجة ففي قلبه غيره، ولكن بدرجات وهذا يتفق مع معنى كلمة (ديوث) وهو لفظ يُقال على من يسمح لأهله من النساء بممارسة الزنا والسماح بممارسة الزنا هو انعدام الغيرة، فهذه الكلمة تُطلق على منعدمي الغيرة، أما من سمح لزوجته بإظهار شعرها فهو ليس بديوث؛ لأن غيرته ذات حدود معينة، ومن سمح لأخته بمصادقة أحدهم ليس بديوث؛ لأن غيرته كذلك ذات حدود معينة، وقد أباح الله بزواج المسلمين من نساء أهل الكتاب وهن غير محجبات، وربما يكون مصادقات لرجال آخرين، ورجال المسلمين رضو بهذا، فهذا ليس مؤشر على دياثتهم.

الحجاب ليس معيارًا للاحترام، الحجاب فريضة فُرضت على النساء بكل تفاصيله المذكورة في نصوص القرآن والسنة ومن تركته آثمة، لكن الاحترام صفة تُطلق على كامل المرأة، وليس على جزء واحد فقط، فهناك نساء يطعن الله في سائر الفروض ويتطوعن بالنوافل ويتحلون بالأخلاق، ولكن وقعوا في ذنب ترك الحجاب فلا يمكن الحكم عليهم بعدم الاحترام

وهذا ينطبق على سائر العبادات الظاهرة كإعفاء اللحية، وعلى المسلم أن يتجنب هكذا حكم على النساء حتى لا يقع في ذنب القذف أو الاتهام بالباطل ولو بدون قصد.

لتوضيح الأمر أكثر يمكن القول أن هناك منظوران للاحترام، المنظور الأول: هو المنظور المجتمعي والذى ينظر لتاركة الحجاب على أنها محترمة، ولكن احترامها ناقص بتركها للحجاب، المنظور الثاني: وهو المنظور الشرعي الذي يقسم الدين إلى ثلاثة أقسام، وهم: العقيدة التي تتعلق بإيمانيات الفرد؛ كالإيمان بالله، وصفاته، وأسمائه، ورسله، وكتبه، والعبادات كالصلاة والصيام والحج والحجاب، والأخلاق كحسن التعامل، والأدب، والاحترام، يوضح لنا المنظور الشرعي أن الحجاب والاحترام جزءان مختلفان من الدين، وأن الحجاب يقع تحت بند العبادة والاحترام يقع تحت بند الأخلاق.

نرى في بعض الدول الأوروبية أن نظرات الرجال للنساء رغم كونهم غير مسلمين ليست كسوء نظرات المسلمين الرجال للنساء وكتب البعض معلقًا على هذا عبارة «**الفكرة ليست في الحجاب، وإنما في عقول الرجال**» وهذا خطأ، أشد الخطأ؛ لأن أولئك الأجانب اعتادوا أولاً على رؤية المرأة بهذا الشكل، كما أنهم ليسوا بحاجة للنظر إلى مفاتن النساء من فوق ملابس ضيقة؛ لأنهم يرون النساء عاريات ليسوا بحاجة للنظر؛ لأنهم يمارسون معهم الجنس بكل سهولة؛ فالنظر بالنسبة لهم لا متعة فيه؛ لأن عندهم المتعة الأكبر.

✔ عوضًا عن ذلك، هل يعالج الإسلام مشكلة النظر بأن يبيح الجنس حتى تختفي ظاهرة النظر؟

✔ هل يعالج الإسلام خطأ بخطأ أكبر منه شأنًا وأعظم؟

✓ متى كانت معالجة الخطأ بخطأ أكبر منه وأي فلسفة أو منطق يجزم بهذا؟

✓ ألم تعلموا ما يترتب على الجنس المحرم من اختلاط للأنساب، وكثرة عدد اللقطاء، وانتشار الأمراض الجنسية؟

✓ ألم تشاهدوا ما يحدث في محاكم تلك الدول عند القيام بعمل فحص للمولود؛ لمعرفة من أبوه الحقيقي؟

✓ ألم يلمس قلوبكم انفطار قلب الأب حين معرفته بأن المولود ليس بنجله؟

إن لم تكونوا قد رأيتم ذلك أو علمتوه فعليكم البحث عنه على منصات التواصل الاجتماعي حتى تروا سوء الأحداث.

وقد يندهش البعض من قولي هذا، فيستحيل وجود عقول تفكر بهذه الفلسفة بأن الحل الوحيد للقضاء على ظاهرة النظر هي السماح بالزنا، ولكن صدق حين أقول أنه هناك من يفكر بهذا المنطلق.

تقريبًا الجميع يتمنى إنجاب الذكور؛ لأن الذكر سند يمكن الاعتماد عليه، لا يقلق عليه من بشاعة العالم، يستطيع المواجهة ويتناسل ويعمر بيت أبيه، أما الأنثى فهي أضعف لا تستطيع مواكبة ما يحدث بالخارج مطمع للمتحرشين والمغتصبين، والقتلة، يغار عليها أبوها وتخاف عليها أمها إذا تزوجت، تذهب وتعمر مكانًا آخر، كما أن حب إنجاب الذكور رغبة يرغبها تقريبًا الجميع، ولكن هذه الأمور ليست مبررًا لكره الأنثى، معطيات الله لا تكره، فإذا أعطاك أنثى فهي نعمة، وإذا أعطاك ذكرًا فهو نعمة، كذلك لو أنجب كل من يتمنى الذكور ذكورًا من سينجب الإناث؟

يجب أن ينجب الاثنين؛ لتستمر البشرية

سمح الله ـعز وجلـ للرجل المسلم أن يعدد النساء بشرط أن يعدل بينهن، فقال في محكم التنزيل: **(وَإِنْ خِفْتُمْ أَلَّا تُقْسِطُوا فِي الْيَتَامَى فَانْكِحُوا**

مَا طَابَ لَكُم مِنَ النِّسَاءِ مَثْنَى وَثُلَاثَ وَرُبَاعَ فَإِنْ خِفْتُمْ أَلَّا تَعْدِلُوا فَوَاحِدَةً أَوْ مَا مَلَكَتْ أَيْمَانُكُمْ ذَلِكَ أَدْنَى أَلَّا تَعُولُوا) وجعلت التعددية للرجال فقط؛ فقديمًا عندما كان الإسلام فى مراحله الأولى كان الكثير من الرجال يُفقدون فى الغزوات، وكان عدد النساء أكثر من عدد الرجال، فكان تعدد الزوجات يقضى بأن لا يبقى امرأة بدون زواج، كما أنه في الوقت الحاضر عدد الرجال أقل من عدد النساء وبالتالي كثرة النساء على الرجال طبيعة كونية، والتعدد حل طويل الأمد؛ كي تتوفر للجميع فرصة الزواج ولم تُجعل للنساء، وليس في ذلك ظلم إطلاقًا؛ فالفروق الفطرية بين طبيعتهما مختلفة؛ لأن تعدد الأزواج بالنسبة للنساء يؤدي إلى اختلاط الأنساب وانتشار الأمراض الجنسية؛ كالإيدز، كما قال الدكتور **مصطفى محمود**: أن تعدد ماء الرجال في رحم المرأة الواحدة يسبب سرطان عنق الرحم؛ فسبحان الشارع الذي وضع الأحكام ما من حكم مضاد لمنطق ولا طبيعة!

عند الله لا تفرقه بين الجنسين في الحساب أو العقاب، السارق كالسارقة تُقطع أيديهم، والزاني كالزانية، أما عند البشر فالأمر يختلف قليلًا، ذاك الاختلاف ربما يكون في نوعية العقاب الذي ليس له حد أو طريقة النظر للجاني، فإذا ما صادق أحد فتيان العائلة إحدى الفتيات لا يُحاسب علي ذلك أو يُعاقب عقابًا خفيفًا، أما إذا صادقت إحدى فتيات العائلة أحد الفتيان يكون حسابها عسيرًا، كذلك نظرة المُجتمع لذلك الفتى لن تكون سيئة وإن كانت فلن تكون كسوء نظرته للفتاة سواء اختلفت مع هذا ورأته ظلمًا أو اتفقت معه ورأته عدلًا؛ فإن ما يهم أنه الواقع.

تلك النسوية والتيارات التي يُسعى إليها اليوم ما هي إلا مضرة للمرأة، فإن، شاؤوا المساواة لن تتجزأ المبادئ؛ فيتوجب على المرأة أن تعمل أعمالًا

شاقة كالرجل، ولن تقدر عليها، فإن لم توجب عليها واجباته فليس لها نفس حقوقه، وإنما هي إنسان بواجبات، وحقوق مختلفة عن الرجل.

ذلك التيار الآخر الذي يسعى لإثبات أن المرأة قادرة على التعايش بمفردها ولا حاجة لها في الرجل ما من مغزى منه، فهو نقش على الماء؛ لأن الرجل والمرأة يتشاركان الحياة بطبيعة الأمر وبفطرة الحال، وكل مساعيهم لن تغير هذا الأمر، كما أن النسيان أصابهم ونسوا أنه إذا ما تعرضت المرأة لاعتداء أو سرقة لا تستغيث إلا بالرجل؛ كزوجها أو أخيها أو حتى رجال الشرطة، كما أن حياتها تقريبًا تعتمد على الرجال؛ فتعيش تحت ظل رجل في بيت رجل وبناه رجل على سرير صنعه رجل، تقود سيارة صممها رجلاً، وتسافر في طائرة يملكها رجل، ويقودها رجل، وتستخدم هاتف برمجة رجل، تأكل فاكهة زرعها رجل، ومعلبات علبها رجل، ولا تطمئن إلا إذا نامت بجوار رجل، إلا إذا كانت مساعيهم تتضمن خلو الكوكب من الرجال؛ فيصبحن بهذا مختلين مجانين، فتنقرض البشرية حتى ينلن الراحة التي يتمنونها.

المساواة ليست عدلاً، المساواة لا تكون عدلاً إلا إن كانت بين شيئين متماثلين متشابهين، كأن يُساوي بين ابنين أو بنتين في الميراث، أما المساواة المطلقة لا تصلح، فيأخذ الغني الصدقة كما يأخذها الفقير، ويُفرض الجهاد على القادر والعاجز، ونستمع لرأي العالم والجاهل، ويأم بالناس من تأهل لذلك ومن لم يتأهل، يقول تعالى: (قُلْ هَلْ يَسْتَوِي الَّذِينَ يَعْلَمُونَ وَالَّذِينَ لَا يَعْلَمُونَ ۗ إِنَّمَا يَتَذَكَّرُ أُولُو الْأَلْبَابِ)، (لَا يَسْتَوِي أَصْحَابُ النَّارِ وَأَصْحَابُ الْجَنَّةِ ۚ أَصْحَابُ الْجَنَّةِ هُمُ الْفَائِزُونَ)، (مَثَلُ الْفَرِيقَيْنِ كَالْأَعْمَى وَالْأَصَمِّ وَالْبَصِيرِ وَالسَّمِيعِ ۚ هَلْ يَسْتَوِيَانِ مَثَلًا ۚ أَفَلَا تَذَكَّرُونَ)، أما المساواة بين شيئين مختلفين فهو عين الظلم.

الرجال لا يخافون من المرأة المثقفة على الإطلاق؛ بل إنهم يسعدون بها ويتفاخرون بها في مجامع العائلة، لكن ما يخيف الرجل هو نوعية الثقافة التي تتلقاها المرأة، فهناك ثقافة تعزز في عقل المرأة أنها كالرجل ولها مساحتها الخاصة ولها حرية اختيار ملابسها وكافة اختياراتها الشخصية وهذا النوع يخافه الرجل؛ لكون صاحبة تلك الأفكار كثيرة الجدال، والعناد، وقليلة الطاعة، وهذا لا يريده الرجل؛ فهو لا يتزوج بامرأة لكي تجادله، وإنما يتزوجها لتريحه وتطيعه، أما الثقافة التي يتمنى الرجل أن تتشبع بها المرأة هي الثقافة الشرعية الصحيحة التي تفرض على المرأة طاعة الرجل والامتثال لأوامره واحترام كلمته :"هناك حقيقة لا نقوى على عدم ذكرها" سطع بها التاريخ البشري، فهو أفضل مؤشر لبيان حقيقة ما نود معرفة حقيقته، فيبين التاريخ بكل وضوح مدى قدرة الرجل على النجاح، والبناء، والتعمير، وما هي مدى شماخة قدراته مقارنة بقدرات المرأة؛ فالغالبية العظمى من الشخصيات التاريخية التي وضعت بصمتها في تاريخ العالم كانوا رجالًا، والتاريخ صفحاته ممتلئة، فكم من حكام للدول كانوا رجالًا! وكم من قادة للجيوش! وكم من عالم أفاد البشرية! وكم من مخترع سطر بنتاجه التاريخ! وأولئك الخالدون المئة الذين كتب عنهم **مايكل هارت** ما وضع بينهم امرأة وإن الرجال احتلوا المراتب الأولى في الثراء وحتى أنهم تميزوا فيما يجب أن يتميز فيه النساء؛ كالطبخ، فنجد أعلى القائمة الشيف **بوراك ونصرت**، فقد برهن التاريخ سلفًا أن من أنشأ صفحاته الرجال، ومن صنع حبره الرجال، ومن سطره الرجال، ومن قرأه الرجال، ومن بناه وتابع بنائه الرجال، ووحده الله يعرف ما من عنصرية بشرية أو تفضيل ذكوري في ذلك، وإنما هذا ما يقره الواقع وتثبته الأحداث.

ما من معاداة في ذلك ولا كره للنساء، فمنهم الأم، والأخت، والزوجة، والابنة، ولكن تميز قدرات الرجل وزيادتها عن قدرات المرأة جعلته تلقائيًّا مهيمنًا على الأوضاع ومكنته من التحكم في مدى فعالية المرأة في المجتمع؛ فالطويل يغطي على القصير، والمتميز يخفي المتواضع بطبيعة الحال وليس للرجل يد بذلك، إنما هى فطرة خلق الله الرجل عليها.

لا يمكن إنكار أهمية المرأة فى المجتمع ودورها الجوهري فى استمرار الحياة، إنما لكل مخلوق أهميته، ولكن منح الله الرجل قدرات أفضل من ما تم منحها للمرأة مكنته من التقدم عنها، ولن تستمر الحياة إلا بوجود النوعين، ولن تكتمل إلا بهما سويًّا.

الفصل السادس
الشر VS الخير

الخير VS الشر

بعد منتصف الليل في إحدى ليالي ديسمبر الباردة الممطرة، صوت الأمطار بالخارج يمتع الأسماع، لا تتمنى أن تكون نائمًا في هذه اللحظة، إنما تريد أن تحياها، أمسكت هاتفك الجوال المليء بأفلام الخيال العلمي، وبدأت بمشاهدة واحد منهم فهذه المتعة المتوفرة في هذه اللحظات.

شاهدت واحدًا ووجدت في قلبك الشوق لمشاهدة المزيد ولم يهن عليك تضييع تلك اللحظات، فتابعت مشاهدة المزيد من الأفلام، وأثناء مشاهدتك لتلك الأفلام بدأت شيئًا فشيئًا تلاحظ تشابهات في ترتيب أحداث تلك الأفلام، وتماثل السيناريوهات بالرغم من اختلاف الشخصيات.

على سبيل المثال تكون شخصية ذلك البطل أي الجانب الخير عبارة عن آدمي وُلد بقدرات، ومهارات خارقة، مثل: **نمبر فور**، أو يكون إنسانًا طبيعيًّا، ثم بالصدفة أصابته صائبة أكسبته قواه، مثل: شخصية سبايدرمان، وربما يكون إنسان يسعى لأن يحارب الشر ويكون بطلًا لسبب خاص به، مثل: **باتمان**.

الصفات والمهارات قد تُكتسب وقد يُولد بها حاملها، أما البطولة فلا يمكن أن يُولد بها حاملها وإنما تكتسب فقط.

شخصية الشر هو القطب الآخر للصراع ويكون صاحب الشخصية في مسعى لشيء سيئ لسبب ما.

الصراع بين الخير والشر في حد ذاته ليس حربًا أو مناسبة يسعى فيها كل طرف لهزيمة الطرف الآخر، وإنما يبدأ بفعل من القطب الشرير يستدعي تدخل القطب الخير؛ لإيقافه، ثم يتحول تدريجيًّا إلى حرب.

فى أعمال مارفل وكل الشركات التى تنتج أعمالًا من هذا النوع هناك ملاحظة وهي أن القطب الخيّر هو الذي يظهر أولًا مظهر قدراته، مثل: كرتون **بن تن** الذى وجد ساعته أولًا، ثم بدأت قوى الشر بالظهور، وكذلك فيلم **سبايدرمان** الذى اكتسب قوته، ثم بدأ أعدائه بالظهور.

كأن الحياة كانت طبيعية بخيرها وشرها، وبعد ظهور نوع أقوى من الخير ظهر نوع أقوى من الشر، على سبيل المثال لو عاش البشر مائة عام، وطول المائة والبشر يمارسون نفس الأفعال جيدها وسيئها بدون فهم أن بعض أفعالهم سيئة، ثم ظهر القانون في السنة الخمسين، وبعدها أدركوا أن بعض أفعالهم كانت سيئة، من ثم أصبحت تلك الأفعال انتهاكًا للقانون.

✔ لذا من بداية الحياة حتى العام **49** قبل ظهور القانون لم يكن هناك قانون وبالتالي لم يكن هناك انتهاكًا للقانون، أي أن الفعل السيئ قبل العام الخمسين لا يحتوي على أي شر، بينما بعد العام الخمسين أصبح فعلًا سيئًا وشريرًا، ويبقى السؤال هنا، هل ظهور القانون هو السبب الذي أدى لظهور انتهاك القانون؟

✔ بمعنى آخر، هل الشر مكمل إلزامي للخير؟

الأمر ليس كذلك بالضبط، إنما الحديث بعد ظهور مصطلح القانون وظهور مصطلح انتهاك القانون وبعد وجود قوى تدافع عن القانون وقوى أخرى تنتهكه وفيما بينهما تكافؤ.

في لحظة قبل ظهور مفهوم القوى شرها وخيرها، عندما كان كل شيء طبيعيًّا، ثم ظهر الشر على الساحة أولًا وأصبح يتضح شيئًا فشيئًا، من البشر من تراجعوا، ومنهم من مارسوا الشر بلا اكتراث؛ فكان ذلك حافزًا لخلق قوى الدفاع لردع البشر وصدهم وهى قوى الخير، ثم تقوى قوى الشر ويؤدي ذلك تقوية قوى الخير وهكذا يستمر الأمر.

الخير والشر كأحوال، كان الخير سائدًا بطبيعة الحال والمقصود بالخير هنا هو الهدوء الذي كان يعم في البداية فكان آدم وحواء فقط لم يوجد أحد ليؤذا ولا مُحرم ليُنتهك ولا جريمة لتُرتكب، أما عن الخير والشر كقوى فقد ظهر الشر أولًا، ثم تواجد الخير بالضرورة؛ ليدفع الشر ولكن لم يفهم الإنسان الخير **الهدوء الذي** كان سائدًا إلا عندما رأى الشر.

فالصحة موجوة بالفطرة وطبيعة الحال، ولكن لم يدركها الإنسان إلا عندما فقدها أو أصابه المرض، كذلك بدأ الإنسان في فهم الأخلاقيات ووضع قوانين تمنع الشر بعدما فهم الإنسان كونها شرًّا.

بالنسبة لتكافؤ القوى، فنجد أن كل شخصية من شخصيات مارفل خاضت عراكها الأول ضد أناس طبعيين لا قدرات لهم، وعندما تبدأ الشخصية في السيطرة على الساحة تتواجد شخصية أقوى لتؤدي دور الشر لتكافئ نسبيًّا شخصية الخير.

التكافؤ النسبي في مقدار القوى بين الشخصيات أمر حتمي حتى لا يسيطر أحد الأطراف على الأمور بشكل مطلق، على سبيل المثال نظرًا لأن شخصية "باتمان" شخصية ذو قدرات واقعية ليست خارقة فنجد أن أعداءه يكونون من نفس الصنف، أي أنهم لا يمتلكون قدرات خارقة.

✔ يبقى الأمر الأكثر غرابة أن تعظيم قوى الخير تؤدى لتعظيم قوى الشر، هل يعني هذا أن ثبات قوى الخير عند مستوى معين يؤدي بالضرورة إلى عدم ظهور قوى الشر أعظم؟

قد يكون ذلك ممكنًا وقابلًا للحدوث، ولكن لا يمكن تحقيقه في الواقع؛ لأن قوى الخير لا يمكن أن تتوقف عند نقطة معينة؛ فلا بد أن يقوي الإنسان نفسه سواء كان خيّرًا أو شريرًا، كما أن تتابع القوى وتكافؤها أمر طبيعي وليس للإنسان القدرة على إيقافها أو التحكم فيها؛ فأحيانًا يفوز

الخير، وأحيانًا يفوز الشر، وطالما قد يخسر أحدهم فلن يتوقف عن زيادة قوته ساعيًا أن يضمن النصر.

أمر جدير بالذكر لا تصريح فيه ما إن كان صدفة أم مقصودًا وهو الجانب المشترك بين أبطال مارفل من حيث ترتيب القوى وأيهما ظهر أولًا، أهي مقصودة لسرد الأحداث بنفس الكيفية أم صدفة تلقائية نتيجة لتأثر القائمين على العمل الدرامي بطبيعة الحياة!

عند الحديث عن تلك الشخصيات نجد سؤالًا مهمًّا يطرح نفسه.

✔ لِمَ تتنوع الشخصيات وليسوا ذوي جوهر واحد؟

✔ أو بالأحرى نقول ما هى أصل النفس البشرية؟

هناك اختلافات جمة حول أصل النفس البشرية من حيث كونها خيّرة أم شريرة أم متعادلة، يرى بعض الفلاسفة وعلماء النفس أن النفس البشرية أصلها الشر ولا يكبحها إلا العواقب الدينية والقانونية، وآخرون يعتقدون أن الإنسان يُولد بلا جوهر ويكتسب جوهره من المؤثرات التى يمر بها خلال حياته، لكن قام البشر بتجارب واجتهادات سعيًا منهم لاكتشاف ذلك.

قام العالم **فيليب زيمبادرو** بعمل تجربة عرفت باسم **سجن ستمافورد** وهى أنه جمع مجموعة من الناس كمتطوعين، بعضهم مثل دور المساجين، والبعض الآخر مثل دور الضباط ووضعوا المساجين فى السجن، والضباط يقودون السجن وبدأت التجربة بأن يتصرف الجميع بطبيعته، وكانت الأمور طبيعية لبضعة أيام حتى شعر الضباط بالتمكن فبدأوا بإهانة السجناء وضربهم؛ بل وجعلوهم يمارسون العنف على بعضهم البعض وبدأ السجناء يطالبون بإلغاء التجربة، وتم إلغاؤها بالفعل بعد أسبوعين فقط، وكانت المدة الموضوعة لها هى شهران،.

توصل **فيليب** بهذه التجربة إلى أن النفس البشرية البالغة العاقلة طبيعتها الشر، ولكنها تظل طبيعية وخيرة حتى تتمكن، فإذا ما تمكنت أظهرت جوهرها.

تعرضت النظرية لبعض الانتقادات كونها اعتمدت على أناس بالغين، ربما قد لوثتهم الحياة، فأصبحت هذه النظرية محل جدل حتى قام الطبيب **بول بلوم** وزوجته بعمل تجربة لاكتشاف جوهر النفس، ولكن اعتمادا على الأطفال.

كانت التجربة عبارة عن مجسم يحاول الوصول لمكان معين، وهناك شكلان آخران واحد يساعد المجسم للوصول إلى المكان والآخر يعرقله؛ فوجدوا أن **الأطفال من سن 6 شهور وحتى سن 6 سنوات يحبون الذي يساعد ويكرهون الذي يعرقل**.

ثم جعلوا الشكلين يعطيان للأطفال الشيكولاتة من نفس النوع، ولكن الذى يعرقل يعطي أكثر من الذي يساعد، ولكن الأطفال أخذوا الشيكولاتة من الذي يساعد، ورفضوها من الذي يعرقل، على الرغم من أن الذي يعرقل يعطي أكثر، وكلما رفضوا يعطي أكثر، ولكن بلا جدوى.

ثم بدأ القائمون بعمل شيء آخر؛ فحددوا نوع الشيكولاتة التي يفضلها كل طفل وجاءوا بمجسم يفتح صندوقًا ما وشكلان آخران أحدهما يساعد المجسم والآخر يعرقله وكلاهما يعطى شيكولاتة للطفل، ولكن الذي يعرقل يعطي النوع المفضل للطفل، والذي يساعد يعطي أي نوع آخر، فلما بدأوا بإعطاء الشيكولاتة للطفل وجدوا أن الطفل يأخذ الشيكولاتة التي يفضلها من الشكل الذي يعرقل.

توصل القائمون على التجربة إلى أن مادام الطفل طرفًا ثالثًا فهو عادل وخيّر، أما إذا مثله أحد الأطراف وشعر بأنه طرف كالشكل الذي يعرقل،

ولكن يعطي النوع المفضل من الشيكولاتة تتغير ردود أفعاله؛ فيميل الطفل إلى من يشبهه أو من يعطيه ما يحب حتى وإن كان الطرف السيئ.

تلك التجارب هى اجتهادات من العلماء والمفكرين والباحثين حول أصل النفس البشرية ومازال هناك تجارب أخرى لمحاولة الوصول إلى ما هو أعمق وأدق.

أما عن تلك النفس البشرية، النفس العميقة التي تُبنى على مجموعة من الشهوات؛ كشهوة الجنس، والمال، والسلطة، فيقول فيها الشيخ **محمد متولى الشعراوي** ـرحمة الله عليه_: أن النفس البشرية تريد صاحبها عاصيًا على لون خاص يحقق لها شهوة، فتلك النفس جوهرها الشر مما يساعدها على إشباع الشهوات.

- لا يمكن أبدًا التغاضي عن سؤال
- لماذا خلق الله الشر؟ ما الفائدة؟

خلق الله الشر بين البشر وفي أعماقهم؛ ليتعرفوا على الخير، فلن يفهم الإنسان الخير إلا إذا رأى الشر، لن يقدر الإنسان صحته إلا عندما يصيبه المرض؛ فالشر يشعر الإنسان بالنعمة ويجعله مقدرًا لها.

التضاد جعل البشرية كاملة بكل معانيها، وخلق الشر وجعله ممكن الحدوث فيه نوع من العدالة، حيث أعطى الله الحرية الكاملة للإنسان؛ ليقوم بما هو خير أو شر؛ فالله لم يمنع الإنسان عن فعل أي منهما؛ فالإنسان له مطلق الحرية في سلوكه، أما تقيد الله لسلوك الإنسان أو السماح بفعل ما هو خير فقط وكبحه عن عمل يريد أن يعمله فيه نوع من الظلم والتحكم، تعالى الله عن ذلك علوًّا كبيرًا، وقد أشار الله فى العديد من النصوص القرآنية إلى أنه قد ترك الخيار التام للإنسان في أفعاله.

أما نحن البشر أيًّا كانت معتقداتنا عن أصل النفس، وأيًّا كانت الحقيقة الفعلية عنها يبقى الواجب علينا أن نتبع ما هو أخلاقي مع الناس ونقاوم شهوات أنفسنا انطلاقًا من الكابح الديني أو الأخلاقي حتى يعم السلام ويتواءم البشر سويًّا لأجل حياة هادئة، ومريحة، والجنة في الآخرة.

الفصل السابع
المنطق

المنطق

عندما خلق الله _عز وجل_ مخلوقاته لم يخلق كل المخلوقات متشابهة، ولم يتشابه أبناء الكائن الواحد وإنما تنوعت الخليقة في أنواع الكائنات وأشكال الكائن الواحد وصفاته.

أثبت العلم الحديث أن نسب الذكاءات البشرية متباينة؛ فقد يكون أحدهم عبقريًّا، والآخر لاحظ له في الذكاء وأولئك العباقرة لا يتحد منطق عقلهم، فواحد منهم قد يرى في شيء ما منطقية بحتة وآخر قد يرى نفس الأمر درب من الخيال وانعدام المنطقية.

الأمر في ذلك واسع، ولكل عقل منطقه بغض النظر عن مدى ذكائه، ويتأثر ذلك المنطق بما تتأثر به شخصية الإنسان؛ كالثقافة، والدين، والبيئة المتعايش فيها؛ ولذلك المنطق عند البشر نسبي، ولكن هناك منطق مطلق لا يسعنا نحن البشر أن نوضح معالمه ونكتشف حدوده لاختلاف منطق كلا منا عن الآخر، فهذا الاختلاف سيشكل عائقًا في طريق أي محاولة للوصول إلى المنطق المطلق، ولكن ذلك المنطق المطلق يعلمه الله _عز وجل_ وحده علمًا كاملاً.

يتشكل المنطق _كما وضحنا_ تبعًا لشخصية الفرد التي تتأثر بعوامل تشكلها، فمن كانت ديانته المسيحية وتلقنها في صغره أصبح هذا منطلق المنطق الخاص به من تلقين الإسلام كان ذلك منطلق منطقه.

قد يكون هناك طبيب معتنق المسيحية على قدرٍ عالٍ من الذكاء ينتقد بصدق منطق الإسلام، وقد يكون هناك عالِم مسلم على قدرٍ عالٍ من الذكاء ينتقد بصدق منطق المسيحية.

الإنسان بطبيعته لا يتجه إلا إلى ما يقتنع به، والاقتناع لا يكون إلا بما هو منطقي، حين ترى نصرانيًّا يسلم فهذا لاقتناعه بالإسلام، وحين ترى

مسلمًا يتنصر أو يلحد فهذا لاقتناعه بمذهبه الجديد، فمنطق العقول ليس موحدًا؛ فالأشياء التي تراها أنت منطقية غيرك يراها خيالية والعكس صحيح.

المنطق لا يلعب دورًا أساسيًّا في صحة الأمور وحقيقتها، ولكنه قد يلعب دورًا ثانويًّا؛ فنظرية التطور لدارون التي توضح بأن أصل الإنسان قرد على درجة عالية جدًّا من المنطقية وخاصة بفضل تشابه شكل الإنسان بشكل القرد، كما أن القرد هو أكثر الحيوانات ذكاءً بعد الإنسان؛ فبذلك تكون هذه النظرية أكثر منطقية من الحقيقة والتى هى أن الإنسان أصله آدم ـ عليه السلام ـ ولو طُرحت المخايرة حول أي من القصتين أكثر منطقية على إنسان محايد على قدر عالٍ من الذكاء سيختار نظرية التطور.

مدى المنطقية لا تشير إلى حتمية الصحة أو حتى مداها؛ فحقيقة خلق آدم على درجة من المنطقية؛ فهذه القصة لا تضاد العقل ولكنها على درجة أقل في المنطق من نظرية التطور، وعلى الرغم من ذلك إلا أنها الحقيقة، ويؤمن بهذه الحقيقة المسلمون والنصارى ما يعادل ثلثي سكان العالم، وإيمانهم بها يرجع إلى منطق الديانة الذي تلقوه فى صغرهم كون منطقهم.

نحن المسلمون نؤمن من كل أعماق قلوبنا بصحة ديننا الإسلام، الذي أقام العدل وأعطى كل ذي حق حقه وأننا الأمة التي تتبع المنهج الصحيح الذي سيقودنا لجنة الخلد، وبنفس درجات إيماننا بالله وبالإسلام نجد مؤمنين بالمسيحية واليهودية وإيمانهم ليس إيمانًا بدون بحث عن الحقيقة، وإنما بحثوا وتبينوا ومنهم العلماء، والباحثين، والمفكرين الذين هم على أعلى درجات الذكاء حتى ساقهم منطقهم وعقلهم إلى أن المسيحية هي الدين الحق.

تلك الانتقادات التى تُوجه للمسيحية لها تبريرات، ولكن ليس عندى ما يكفي من العلم لأطرح الانتقادات أو تبريراتها؛ وكذلك الإسلام وُجهت له انتقادات منطقية جدًّا وتم الرد عليها بمنطقية أيضًا؛ كعدم تصديق رحلة الإسراء والمعراج والتي ـفي رأيهمـ من المستحيل أن ينتقل إنسان على ناقة من مكان لمكان آخر بعيد عنه فى ليلة واحدة، إذا أمعنا النظر فيها سنجدها منطقية ومنطقها هو أن الله الذي نؤمن به وبوجوده، الذي خلق السماوات والأرض بما فيهما من عظمة، الذي خلق المجرات، والنجوم، والكواكب، والجبال، والبحار، والدواب وكل ما على الأرض صاحب القوة المطلقة ألن يقدر على أن ينقل عبده من مكان لمكان فى ليلة واحدة على ظهر ناقة؟ بلى والله يقدر أن ينقله فى ثانية واحدة.

كما أن الله ميز من اصطفاهم من عباده لتبليغ الرسالة بقدرات أحداث تسمى معجزات لتكون معهم كبينات تساعدهم على تبليغ الرسالة.

حتى لو لم تقتنع أنت بهذه التبريرات التي تدافع عن منطق المسيحية فغيرك اقتنع بها، تمامًا كما لم يقتنع أصحاب المِلل الأخرى بأمور إسلامية؛ كرحلة الإسراء والمعراج وأنت مقتنع بها.

هناك في رأيهم بعض العبادات التي يمكن الاستغناء عنها، وقد أعطاها الإسلام قدرًا عظيمًا كما أن فوائدها توجد فى ممارسات أخرى؛ كالصلاة التى هي عماد الدين لا تجد منها فائدة وإن كان بها فإن فوائدها توجد فى أشياء أخرى؛ كاليوجا وكان الرد بأن الله الذي نؤمن به وخلق كذا وكذا قد فرضها علينا؛ فقد حقت وكان هذا كافيًا، وقد فرضها لسبب غير معلوم بالنسبة لنا حتى الآن ونؤمن بوجود فوائد عظيمة للصلاة لم نكتشفها بعد وربما لا نكتشفها.

إن العلم والفقه والفتوى لا يجب أن نأخذهم إلا من أهلهم، وأولي الأمر؛ فذكر أهل العلم أن حكم حلق اللحية محرم، أتهم بعض العامة الأذكياء هذه الأحكام بعدم المنطقية، وقالوا: لا يمكن أن يكون هناك حكم بالتحريم في شيء كحلق اللحية، فإن الأمر مباح وهذا ما يبدو منطقيًّا، وكذلك الحكم منطقي، فما من مشكلة في تحريم حلق اللحية؛ فاللحية تلبس الرجل لباس الوقار، ولكن انتقاد الحكم أكثر منطقية من الحكم نفسه.

الشاهد عزيزي القارئ أنه ليس كل ما هو منطقي صحيح؛ فقد تجد رأيان متعارضان وكلاهما منطقي، ولكن أحدهما صحيح، ولكن كل ما هو صحيح منطقي، وهناك جزء يمكننا أن نسميه الصحيح ذات المنطق الصعب، أي أنه الصحيح الذي يحتاج أن تتأمل في منطقه وتنظر فيه نظرة واسعة حتى تفهمه كقصة الإسراء والمعراج.

كذلك لا ينبغي للأمر ذو المنطق الأقوى أن يكون على صواب؛ فقد يكون ذو المنطق الأقل في درجة القوة هو الصواب، تمامًا كالربوبيين أولئك الذين يؤمنون بوجود صانعًا للكون؛ فالكون لم يصنع نفسه، ولكنهم لا يؤمنون بوجود رسل أو أنبياء أتاهم وحي من السماء، وإنما أولئك البشر ألفوا تلك الأديان في رأيهم فلا يوجد دليل سمعي أو بصري يثبت أن الله أوحى إليهم ومع كل هذا الكم الهائل من المنطق الذى يتحدثون وفقًا له إلا أنهم على خطأ.

الفوز في النقاشات لا يجزم بصحة رأي الفائز فيه، قد يكون محقًّا، وقد لا يكون، ولكن غالبًا ما يفوز الأمهر والأعلم بالأمر والأعلم البليغ في الحديث والأكثر منطقية وإن كان خطأ، وربما يخسر الخاسر نتيجة لعدم قدرته على التعبير عما يدور في ذهنه أو عجزه عن ترتيب أفكاره.

ما يوصل الإنسان إلى ذروة الحقيقة عند مقارنة مذهبين او اتجاهيين مختلفين؛ كمقارنة الإسلام بالمسيحية أو مذهب السنة، ومذهب الشيعة هو حضور مناظرة أو مناقشة بين أعلم وأذكى وأبلغ اثنين في المذهبين، حتى نعرف سائر الحجج وكامل المنطق والفلسفة، وشتى الأدلة، مما يمكننا على تحري الحق من خلال عرض الشبهات المختلفة ومعرفة أجوبتها من خلال حديث الطرفين.

أما تلك النقاشات والمناظرات التي تتم بين أعلم أهل المذهب وبين آخر متواضع العلم من المذهب الآخر، لا توصلنا للحقيقة؛ لأن غالبًا الأعلم يفوز وإن كان على باطل، وقد رأينا العديد من علماء المسيحية يغلبون متوسطي العلم من المسلمين لعدم قدرتهم على استعمال الحجج أو قلة العلم أو غيره، وإحقاقًا للحق يبقى الأمر كذلك عند مناقشة أحد علماء المسلمين مع متوسطي العلم من أي مذهب.

الإنسان عدو ما لا يعلمه، فعند طرح أي فكرة مجهولة على أحد العقول تكون غير مقبولة، فعقل الإنسان يرفض ما يجهله بطبيعة الحال، وهذا يخلق مشكلة عند جاهل الفكرة بألا يتقبلها، ومشكلة أخرى عن طارح الفكرة بأن تلقى فكرته المعارضة.

من الأمور التي يجب أن يعلمها الناس أنه في حالة اختلاف اثنين أو مجموعتين على أمر معين؛ فيجب الرجوع إلى أهل العلم في الأمر واستشارتهم وترك الحكم لهم وإن لم يقتنع أحد الطرفين بقول أهل العلم لتضاد القول مع رأيهم فلهم الحرية في ذلك فلا إجبار في الاقتناع، من اقتنع فلنفسه، وكذلك من لم يقتنع، ولكن لا ينبغي عن من لم يقتنع أن ينتقد قول أهل العلم فهم أهل العلم والأدرى بذلك.

انتقاد أهل العلم إنْ خرج ممّن كان، هو الآخر أهلاً للعلم فجائز عقلاً ومنطقًا، كأن ينتقد الطبيب طبيبًا آخر، أو انتقاد أحدهم لأهل العلم بما

سمعه من أهل علم آخرون، كأن ينتقد إنسانًا عاديًّا قول طبيب ما يضاده من طبيب آخر فلا حرج في ذلك، كما أن الأدنى علمًا لا يقيّم ولا ينتقد الأعلى علمًا.

مناقشة أهل العلم لا حرج فيها، حيث أن النقاش يوصل السائل إلى ذروة الحقيقة حتى يطمئن بالحصول على إجابات تتعلق بما يدور في رأسه من الشبهات، فيأخذ الحكم عن تيقن واقتناع، كأن يسعى السائل لمعرفة كيف يوفق بين **«أُمرت أن أقاتل الناس حتى يشهدوا بأن لا إله إلا الله»** وبين **(لا إكراه في الدين)**، فهذا النوع من النقاشات تساعد المسلم في تفنيد الشبهات والإجابة عليها حتى يثبت إيمانه.

أما عن ماهية أهل العلم؛ فالعالم بالأمر معروف والمدلس أو المتحدث جهلاً معروف، كذلك لكل عالم زلة واضحة أو أكثر يعلمها تقريبًا الجميع؛ لذلك لا يجوز السعي لإثبات صحة الزلة انطلاقًا من كون العالم عالمًا، ولا يجوز السعي لإثبات جهل العالم انطلاقًا من زلته،

وعلى الصعيد الآخر من كان على ضلالة وقال قولاً حقًّا؛ كصوفي أو أشعري يتحدث مثلاً عن التوبة، فهنا لا يجوز إبطال قوله انطلاقًا من كونه على ضلالة، أو إثبات كونه على مذهب حق انطلاقًا من قول حق قاله، كلاهما مغالطة.

ومن وجهة نظر شخصية أن المناظرات التي نسعى من خلالها إلى الوصول للحقيقة ذات مساوئ لا حصر لها؛ فتقود أعصاب المتناقشين للغضب، ويخلق بينهم نزاعات وخلافات وخاصة بين الرجال؛ فيكره الرجل كثيرًا أن يكون هو الطرف المخطئ، وكذلك النساء ولكنهن على درجة أقل بكثير من الرجل.

ولتفادى ذلك يمكن أن يتبع الأطراف سلوكيات معينة ويؤمنوا بأمور معينة حتى لا تضيع علينا تلك النشوة التي نشعر بها عند إثبات وجهة النظر أو الحديث بالمنطق والحجة، وتلك اللذة حين نصل إلى الحقيقة.

النقاش لم يُجعل لمجرد النقاش، وإنما النقاش جُعل عندما تظهر له الحاجة حتى يُنصر به الحق، أما الجدال دائمًا وأبدًا على أمور مهمة، وأخرى سخيفة فهو جدال بلا جدوى، وكل ما يحققه هو خلق حساسية بين المتجادلين؛ لذا الأفضل اعتزال الجدال بقدر الإمكان ولا يُستخدم إلا في حالة الحاجة الشديدة في القضاء على باطل أو إحقاق حق.

<u>الأمر الأقوى والأكثر أهمية الذي يثبت صحة النصوص السابقة يكمن في التالي:</u>

إما سيتفق جميع الناس على صحة هذه النصوص المكتوبة؛ فيصح مضمونها باتفاق الناس عليها وهذا احتمال ضعيف لصعوبة اتفاق الناس على شيء.

أو سيتفق البعض معها لاقتناعهم والبعض الآخر سيختلفون معها لعدم اقتناعهم وهذا أيضًا يثبت صحة مضمونها من حيث كون المنطق متباين ومُختلف عليه، والاقتناع لا يكون إلا فيما هو منطقي من وجهة النظر المقتنعة؛ فيصبح الأمر بذلك منطقيًّا عند البعض فاقتنعوا وغير منطقي عند البعض الآخر فلم يقتنعوا وهو لب المعتقد وتقوم على أساسه باقي الأفكار، ويكون قد ثبتت صحته عند كل من اقتنع به.

أما البعض الذي اختلف معه يثبت صحته أيضًا من حيث كونه منطقيًّا عند البعض وغير منطقي عند البعض الآخر، وهذا تحديدًا ما

كُتب في النص بأن البعض يرى في أمور منطقية، والبعض الآخر يرون فيها الخيال.

كذلك يثبت أن ليس كل ما هو منطقي صحيح؛ فالنص المكتوب على درجة من المنطقية بدليل أن البعض الأول اقتنع به، والبعض الآخر لم يقتنع فهو ليس صحيحًا عندهم على الرغم من منطقيته التي جعلت البعض الأول يقتنع به.

والحالة الوحيدة التي تثبت خطأ النص هو اختلاف جميع الناس معه وهذا لن يحدث؛ لأن هناك عناصر قد اتفقت معه بالفعل.

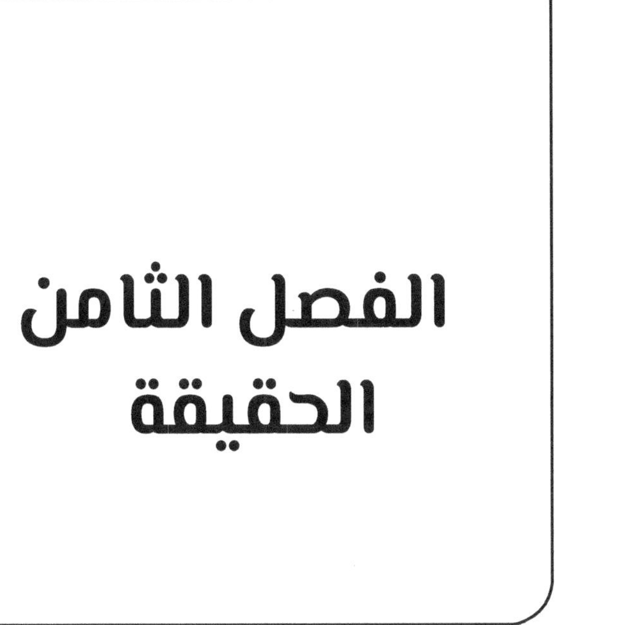

الفصل الثامن
الحقيقة

الحقيقة

بسم الله الذي باسمه تبدأ البدايات، والحمد لله الذي بحمده تنتهي النهايات، والصلاة والسلام على رسول الله سيد الخلق أجمعين صلاة تامة.

أما بعد

كان النبي محمد ـصلى الله عليه وسلمـ يتعبد في غار حراء، ثم نزل عليه جبريل بالوحي ليوحي إليه آيات القرآن الكريم الذي أنزله الله ليكون دستورًا موثقًا مطلقًا ليعمل به الصالحون، وينحرف عنه الفاسقون، ونزل على سيدنا ونبينا وحبيبنا محمد لينشره بين الخلق ليتم أمر الله.

يقول الله ـعز وجلـ في كتابه الكريم: (وَقَاتِلُوا فِي سَبِيلِ اللهِ الَّذِينَ يُقَاتِلُونَكُمْ وَلَا تَعْتَدُوا إِنَّ اللهَ لَا يُحِبُّ الْمُعْتَدِينَ).

الجيوش الإسلامية لم تحارب عبثًا أو عشوائيًا، وإنما حاربوا من حاربهم أولًا واعتدى عليهم أو عدو كان متوقع أن يحاربهم أو يعتدى عليهم، أو فتح بلدانًا لنشر الرسالة ليُحكم فيها بالإسلام.

الإسلام لم ينتشر بحد السيف، السيف قادر على أن يغزو ويفتح المدائن، لكنه غير قادر على فتح القلوب، الأمر الذي جعل الإسلام عامرًا في الدول التي انتشر بها منذ عهد الخلفاء ومن بعدهم هو مبادئ الإسلام وقيمه، ويظهر هذا واضحًا عند مقارنته بالدول التي استعمرت واحتلت دولًا أخرى، لم تستطع أي دولة احتلال أن تنشر قيمها ومعتقداتها في الدول المحتلة، لم تتمكن مبادؤهم من التأثير على القلوب وإقناع العقول، وحده الإسلام الذى قدر على ذلك، فرنسا وإنجلترا وإيطاليا استعمروا بلاد العرب لفترة من الوقت، وخرجوا منها ولم تؤثر معتقداتهم على العرب،

أما الإسلام إذا دخل دولة تمكن منها ورسخ فيها بفضل مبادئه السمحة وقيمه العظيمة.

أي رسالة سامية مهما كانت عظمتها وجمالها لا تقوى على تحقيق أهدافها بدون قوة تحميها، ظهر تتكئ عليه، فبدون تلك القوة تندثر وتفنى، وهكذا الإسلام احتاج إلى قوة تحميه.

القرآن الكريم نزل بلغة العرب؛ لذا يجب أن يفهم لمقتضاها، نصت معاجم اللغة العربية على معنى كلمة (كفر) وتعنى الإنكار وهي عكس الإيمان، فمن لم يؤمن بالله فقد كفر به ومن لم يؤمن بشيء أثبته الله فقد كفر بكلام الله فكفر به.

اجتمعت كل الأديان، وكل الفئات، والفرق عقلاً ومنطقًا على حقيقة أن فرقة واحدة فقط هي الناجية، ومن كفر بما أمنت تلك الفرقة الناجية فلن يفلح أبدًا، فلا مجال أن يدخل الجنة المسلمون والنصارى أو اليهود والهندوس، لا بد من وجود فرقة واحدة فقط.

الإسلام ليس دين ضعف وخضوع كما يتصور البعض، وإنما أعطى لنا خيارات في حال وجود مظلمة؛ فجعل للمظلوم خيار القصاص ممن ظلمه، أو العفو إن شاء أن يعفو، أو ترك الأمر لله والاكتفاء به وكيلاً إذا أراد القصاص ولكن عجز عنه.

كانت شبه الجزيرة العربية قبل الإسلام يسودها الجهل بكل معنى الكلمة؛ فتُقام الحروب لأتفه الأسباب فلا يعذر أخ أخاه، ولا جار جاره، ولا يصبرون على إنجاب الإناث فيقتلوهم وأدًا، يركعون ويسجدون لأصنام من صنع أيديهم صنعوها بالحجارة وغيرها من المواد. يبيعون الناس ويشترونهم، يشربون الخمور، ويزنون بالنساء، ويتبعون شهواتهم، ظهرت عندهم كل مظاهر الجهل، والرذيلة، والفحشاء، لم تظهر فيهم علوم ولا فنون حتى جاء رسول الله بالإسلام لينتشل الأمة من الظلمات إلى النور،

من الرذيلة إلى الفضيلة، من الهلاك إلى النجاة؛ فحرم عليهم الخبائث، وأحل عليهم الطيبات، وانتشرت العلوم والفنون في ظل الإسلام، وانتشرت الخيرات بعد أن كانت المنطقة قفرًا يابسة فقيرة، ويشهد التاريخ أن العلم وُلد في الإسلام على يد علمائه، مثل: الحسن البصري، والبيروني، والخوارزمي، وغيرهم من العلماء والفلاسفة.

شاع بين البشر في الآونة الأخيرة أن القرآن الكريم يجب أن يُفهم من خلال فهم الإنسان له وهذا سيخلق تناقضات كثيرة؛ فقد يفهم أحدهم آيات بمعنى وآخر يفهمها بمعنى آخر، فكان لا بد من وجود مرجعية ثابتة للآيات حتى لا يفهمها كل شخص تبعًا لما يسوقه له عقله، أو ما يجمله له هواه.

يُفهم القرآن الكريم على أربع درجات

الأولى: هي تلك الآيات الواضحة للجميع والتي يفهمها الجميع مثل الآيات التي تشتمل إقامة الصلاة، وإيتاء الزكاة.

(الَّذِينَ يُقِيمُونَ الصَّلَاةَ وَيُؤْتُونَ الزَّكَاةَ وَهُمْ بِالْأَخِرَةِ هُمْ يُوقِنُونَ)

الثانية: هي الآيات أو كلمات من آيات تحتاج إلى العلم والإلمام باللغة العربية ومعانيها حتى تفهم

(الْجَوَارِ الْكُنَّسِ)

الثالثة: هي الآيات التي تحتاج إلى مفسر أو عالم بالتفسير يعلم ما فسره رسول الله لأصحابه، وما فسره أصحابه، وما فسره التابعين أو العلماء.

(يَمْحُوا اللهُ مَا يَشَاءُ وَيُثْبِتُ وَعِنْدَهُ أُمُّ الْكِتَابِ)

الرابعة: هي آيات أو عبارات في كتاب الله، اختص بها الله نفسه ولم يفهمها بشر.

(إِنَّا مَكَّنَّا لَهُ فِي الْأَرْضِ وَآتَيْنَاهُ مِنْ كُلِّ شَيْءٍ سَبَبًا)

لم ينجو أحد منا تقريبًا من مأزق فهم القرآن؛ فكلنا فهمنا الآيات يقينًا وتأكيدًا بالمعنى الذي ظهر لنا، وما كان هو المعنى الصحيح مثل فهمنا لآية (وَإِنَّهُ لِحُبِّ الْخَيْرِ لَشَدِيدٌ) فكلمة الخير هنا يفهمها بعضنا العمل الصالح، ولكن المقصود بها هو المال؛ لذا حتى لا نقع في هذا المأزق يتوجب علينا الرجوع للتفاسير مهما بدت الآية سهلة وواضحة للجميع.

سنة النبي وهي كل ما نقل عن النبي قولًا أو عملًا، منها فروض وواجبات، ومنها مستحبات كانت ذات فضل في وضع العديد من الأحكام التي لم يقر بها القرآن؛ فالقرآن والسنة جزآن مكملان لبعضهما.

تختلف السنة عن القرآن في كونها غير محفوظة، ويحتمل فيها الخطأ، فيقول الله عن القرآن (إِنَّا نَحْنُ نَزَّلْنَا الذِّكْرَ وَإِنَّا لَهُ لَحَافِظُونَ)؛ لذلك قام علماء المسلمين بدراسة كتب الأحاديث كاملة دراسة شاملة تاريخية عميقة حتى يتبينوا مدى صحة تلك الكتب، وقسموا تلك الكتب إلى ست درجات من الصحة، يعلوها البخاري والذي يعد أصح كتاب بعد كتاب الله، يليه مسلم وهناك رواه آخرون أقل في درجة الصحة كالترمذي، والنسائي، وابن ماجه، وغيرهم من الرواة.

الإمام البخاري صاحب كتاب (صحيح البخاري) الذى هو أعلى كتب الأحاديث في الصحة يبقى بشرًا غير معصوم من الخطأ أو النسيان أو

السهو، لكن إمكانية حدوث الخطأ أو النسيان لا يعني وجوب وقوعه، على سبيل المثال أي إنسان غير معصوم من الزنا، ولكن ذلك ليس معناه وجوب حدوث الزنا؛ فقد يحدث وقد لا يحدث، وكذلك صحيح البخاري تمت دراسته وفحصه للتأكد من وقوع الخطأ أو النسيان أو السهو، واتفق العلماء على كونه أصح كتاب بعد كتاب الله.

انتشرت الكثير من الأحاديث الضعيفة بين جموع الناس حتى وصلوا للاستشهاد بها؛ بل وأصبحت تُقرر في المناهج المدرسية حتى وصل الطلاب إلى فهم أحكام دينية بشكل خاطئ، مثل قصة اليهودي الذى كان يلقي القمامة أمام بيت النبي، ولما تغيّب يوم عن إلقائها ذهب النبي لزيارته، وحديث أبغض الحلال عند الله الطلاق، وحديث من لم تنهه صلاته عن الفحشاء والمنكر فلا صلاة له، الأصل أن تُعلم تلك الأحاديث الضعيفة تكون لعبرة تُرجى منها، ولكن تعلم العبر لا يكون بأمور مشتبه فيها، أو لم تحدث؛ فالأفضل أن تأخذ العبرة من القصص الحقيقية التي حدثت بالفعل حتى ننشئ جيلاً متعلمًا للدين الحقيقي، ومتبعًا لسنة رسول الله كما وردت عنه.

مؤخرًا ظهرت بعض التيارات تحت مسمى العلمانيين، والتنويريين يسعون لتكذيب صحيح البخاري؛ رغبة منهم لإلغاء بعض الأحكام التي جاءت في السنة ولم ترد في القرآن وتبعهم قليلو العلم، وضعيفو الإيمان؛ لذا يجب الحذر منهم.

إجماع العلماء أو تجمهرهم حول حكم معين مادام بالدليل وغير مخالف لنص الكتاب والسنة يعد حجة ودليلاً على وجوب اتباعه، أولئك العلماء لم يخترعوا تلك الأحكام؛ بل هي مستخرجة من الكتاب والسنة.

التفرقة بين علم العالم وعمله يخرجنا من شخصنة الأمور؛ فعمل العالم له ولربه، وعلمه للأمة، فإذا سألت عالمًا عن حكم ترك الصلاة وإن كان

تاركًا لها سيجيبك أن تركها محرم، فتركه لها هو العمل وإجابته عليك هو علمه، فسوء عمله لا يحجب علمه؛ كالحجاج بن يوسف الثقفي ذكره التاريخ بمساوئ عديدة، وأعمال سيئة للغاية، ومع ذلك لم يُنكر علمه الذي انتفعت به الأمة.

المتحدث في الدين سواء كان عالمًا، أو إمامًا، أو داعيًا بسيطًا عليه أن يكون قدوة ومثلاً، فتناسب أفعاله أقواله حتى لا يُؤخذ عليه النفاق أو يكون ممن يقول الله عنهم (أَتَأْمُرُونَ النَّاسَ بِالْبِرِّ وَتَنْسَوْنَ أَنْفُسَكُمْ)، كذلك حتى لا يوصل إلى الناس فكرة مشوهة عن الدين وعلمائه، وأن العلماء عملاء نفاق ورياء ولم يدعوا للبر إلا للسمعة، كذلك على الآمر بالمعروف والناهي عن المنكر أن يسعى لزيادة علمه حتى يعينه على أداء رسالته، وفى زمننا هذا الذي انتشرت فيه المنكرات والفتن أصبحنا جميعًا بحاجة إلى العلم والتقوى حتى ندعو كل من نتمكن من دعوتهم إلى دين الله، ولو اقتصرت الدعوة على الأسرة؛ كالأم، والأب، والزوجة، والأولاد.

العلم هو كل ما تعلمه الإنسان وعلمه لغيره، ودين الله ينطبق عليه ذلك فيتعلمه الإنسان ويعلمه لغيره، لا يجب الحديث في العلم إلا على من تعلم، دين الله وأحكامه ينطبق عليه ذلك، فيجب ألا نتحدث فيه إلا بعلم تعلمناه حتى لا نخلق فتنة بقول خطأ قد نقوله إذا تحدثنا عن جهالة.

الدين لا يخضع للمعتقدات الشخصية ولا الآراء، فهم ليسوا المعايير للتحليل والتحريم، الأحكام الدينية ثابتة واضحة معيارها ما قاله الله ورسوله، واجتمع عليه العلماء طبقًا لما جاء في القرءان والسنة سواء اختلفت معها أو اتفقت ذلك لن يغيرها، كذلك الإنسان وجب عليه اتباع الأوامر والنواهي إذا أراد النجاة فيقول _سبحانه وتعالى_ (وَمَا كَانَ لِمُؤْمِنٍ وَلَا مُؤْمِنَةٍ إِذَا قَضَى اللَّهُ وَرَسُولُهُ أَمْرًا أَنْ يَكُونَ لَهُمُ الْخِيَرَةُ مِنْ

أَمْرِهِمْ وَمَنْ يَعْصِ اللهَ وَرَسُولَهُ فَقَدْ ضَلَّ ضَلَالًا مُبِينًا)، كذلك له حرية الاختيار بين النجاة فيتبع أو الهلاك فينحرف.

المؤسسات المسئولة عن شرح الأحكام والفتاوى، مثل: الأزهر ودار الفتوى لا يجب نقدها بأي شكل كان؛ لأن الفتاوى يخرجها مجموعة من العلماء الدارسين والباحثين ولا يمكن لشخص بسيط عادي أن ينتقد من درس وبحث؛ فلا بد أن يُحترم التخصص ويُترك كل شيء لأهله، ويقول رب العباد: (يَا أَيُّهَا الَّذِينَ آمَنُوا أَطِيعُوا اللهَ وَأَطِيعُوا الرَّسُولَ وَأُولِي الْأَمْرِ مِنْكُمْ فَإِنْ تَنَازَعْتُمْ فِي شَيْءٍ فَرُدُّوهُ إِلَى اللهِ وَالرَّسُولِ إِنْ كُنْتُمْ تُؤْمِنُونَ بِاللهِ وَالْيَوْمِ الْآخِرِ ذَلِكَ خَيْرٌ وَأَحْسَنُ تَأْوِيلًا) وأولى الأمر هم تلك المؤسسات.

الإنسان له الحرية في اتباع هذه الفتاوى أو عدم اتباعها، ولكن لا يمكن أن يعارضها وينتقدها إلا إذا كان ممن يتنازعون على الأمور، والتنازع يعني الاختلاف ولا يقع التنازع إلا ممن كانوا على علم بالأمور الشرعية وليس من أي شخص حتى لا يكون التنازع وفقًا للمعتقد الشخصي، وفي حالة التنازع ترد الأمور إلى نصوص القرءان والسنة.

جهلنا بدين الله هو ما يجعلنا نحن العامة من غير العلماء يتنازعون على الأحكام الثابتة والمتفق عليها ولا نقتنع بها وهذه أصل المشكلة، فعدم الاقتناع بأن حلق اللحية محرم يرجع إلى نشأتنا على جهل هذه المعلومة، فلو درسناها في صغرنا لما تعارضنا معها أبدًا، ولو بحثتم في كتب السلف لوجدتم حكمها المحرم.

ما يجعل الإنسان غير متقبل للأحكام إذا ما كان الحديث عنها هو كرهه للحق ونفوره منه الذي ينبع من ميول نفسه التي تتبع شهواتها والحق جاء مخالفًا للشهوات، قال أحد الحكماء:

(إذا جهلت حكم أمر ما وجدت نفسى تميل نحوه علمت أنه محرم).

الخوض في أحاديث عن دين الله حكر على من درس وتعلم، وليس مباح للجميع كأي علم كان، وليس بالضرورة أن تكون عالمًا بكل أمور الدين حتى تتحدث في أمر من أموره، ولكن يكفيك أن تكون محيطًا تمامًا بالمعضلة محل الحديث.

إباحة الإنسان هو الآخر لمحرمات حرمها الله لا يغير ماهيتها كمحرمة، فالحجاب فرض وتاركه يأثم لارتكابه حرامًا؛ لذا سماح الأب لابنته بألا ترتدي الحجاب لا يحلله؛ فالحرام يبقى حرامًا ولو أباحه كل الناس، كذلك يبقى حرامًا ولو فعله كل الناس.

ترك الأبناء لقناعتهم فإذا اقتنعوا اتبعوا وإن لم يقتنعوا تجنبوا، كترك الابن لقناعته بالصلاة فإذا اقتنع صلى وإن لم يقتنع لم يصلِّ، وترك الابنة لقناعتها فإذا اقتنعت بالحجاب لبسته وإن لم تقتنع تركته هو خطأ جسيم يرتكبه الآباء في حق الأبناء، لم يكن أبناؤك مقتنعين بالتحاقهم بالمدرسة ومع ذلك ألحقتهم بها هذا لأجل اهتمامك بمصلحتهم الدنيوية، ولكنك أهملت مصلحتهم الأهم وهي عملهم للآخرة، هذا بالإضافة إلى عدم اتباع منهج رسول الله في التربية عندما قال عن الصلاة: اسألوهم عند السابعة، واضربوهم عند العاشرة، ولاسيما الأسوأ هو ترك الولد لقناعته، فإن لم يقتنع بفرض من فروض الله وأنكره فقد كفر.

بالنسبة للحرية، الحرية لها اتجاهان:

الأول: تلك الحرية التي تكون بين المرء وربه والتي لا نجد لها معنى؛ لأن هذه العلاقة هي علاقة عبد بسيده؛ لذلك لا يوجد حرية هنا؛ بل هي عبودية مطلقة يتبع فيها العبد سيده ولله أمر محاسبته على التزامه

بالعبودية أو خلعه عنها فيقول _ عز و جل _: " وَمَا كَانَ لِمُؤْمِنٍ وَلَا مُؤْمِنَةٍ إِذَا قَضَى اللَّهُ وَرَسُولُهُ أَمْرًا أَن يَكُونَ لَهُمُ الْخِيَرَةُ مِنْ أَمْرِهِمْ وَمَن يَعْصِ اللَّهَ وَرَسُولَهُ فَقَدْ ضَلَّ ضَلَالًا مُّبِينًا"

(سوره الاحزاب, آيه 36)

الثاني: هي تلك الحرية التي تتواجد بين البشر وبعضهم التي توضح متى يكون للإنسان الحرية في فعل ما يريد، ومتى يوقفه المجتمع ويعاقبه، وهذه تمكن الإنسان من فعل كل ما يريد سواء في الاتباع أو الانحراف إلا فيما جعل الله فيه حدودًا؛ كقصاص السرقة والقتل والردة، والحدود تكون في الأمور التي يؤذى بها الناس بعضهم البعض وبعض الأمور الأخرى فهنا تنتهي الحرية، ولا يقوم بإقامة الحدود إلا ولي الأمر أو القاضي بإذن من ولي الأمر.

الحجاب وإعفاء اللحية من الفروض والواجبات بين العبد وربه، ومن الحرية بين العبد وأخيه، فيحاسب الله سبحانه عليهم، ولكن لا يحاسب المجتمع عليهم لعدم وجود عقاب أمر به رب العباد.

فالإنسان له حرية اختيار أفعاله ما لم يضر بها أحد أو كان لها قصاص ولا يعاقب عليها في الدنيا، والله سبحانه يحاسب العبد على كل أفعاله.

لنا فقط أن ننصح لوجه الله من تقبل النصيحة فلنفسه ومن لم يتقبل فالله غني حميد، كذلك النصيحة لا تفيد الجميع إنما تفيد من يحتاجها، من كان لديه إرادة التغيير واحتاج محفزًا ليتحرك نحو الأفضل فهذا من تفيده النصيحة، ولكن نظرًا لأننا لا نعلم خبايا القلوب فننصح كل الناس ما دمنا قادرين عليها.

أباح الشرع لنا أمورًا يسعى القانون والدولة لمنعها بما فيه مصلحة للناس كمنع الزوج من تزوج الثانية بدون علم الأولى على الرغم من إباحته شرعًا، وهذه الأمور لا حرج فيها، ويجوز تقييد المباح بشرط ألا يبيحون حرامًا أو مكروهًا، أو يحرمون فرضًا أو مستحبًّا، أو يحرمون مباحًا بطريقة تجعله مضرًّا.

يُساء استخدام جملة (**الدين يسر**) فيبرر به الكثير من الذنوب والخطايا، أما عن معناها فهو أن الله يسر لنا العبادات لا الأحكام؛ فالأحكام ثابتة، والعبادات تكون على مستوى قدرة الإنسان، على سبيل المثال حكم ترك الصلاة محرم ولا يسقط هذا الحكم عن كل مكلف؛ فيكون اليسر في طريقة أدائها فمن لم يستطع الصلاة واقفًا فليصلِّ قاعدًا، ومن لم يستطع فليصلِّ متكئًا، أما حكم تركها فهو محرم وثابت تحريمه في جميع الحالات.

ما تظنه أنت تشددًا في الدين ليس تشددًا في الحقيقة، وإنما هذا هو الدين ولو استثقلته، الإسلام ليس سهلًا؛ لأنه لم ينزل وفقًا لأهواء الناس؛ بل خالف الهوى ورغبات الأنفس وهذا ما جعله صعبًا وشاقًّا، الجنة ليست مجانية ولا رخيصة، جُعل الالتزام صعبًا حتى يُستحق به الجنة، لو كان الإسلام سهلًا وموافقًا لهوى النفس ما كنا بحاجة له؛ لأن الأمر كان متروكًا لأهواء النفس قبل الإسلام.

إنما التشدد في الدين هو المغالاة فيه، وفُرض وسن ما لم يفرضه الله أو يسنه رسوله؛ كالبدع والمُحدثات، فهذا من الزيادة والتشدد، أو تكليف النفس ما لا تطيق من النوافل كصيام أبد الدهر؛ فقد كان النبي ـصلى الله عليه وسلمـ يصوم ويفطر، وقال: «**من رغب عن سنتي فليس مني**»، كذلك الدعوة إلى سبيل الله بالخشونة والفظاظة فهذا عكس هدي النبي وما أمر به الله، وإنما قال (ادْعُ إِلَى سَبِيلِ رَبِّكَ بِالْحِكْمَةِ وَالْمَوْعِظَةِ الْحَسَنَةِ ۖ وَجَادِلْهُم بِالَّتِي هِيَ أَحْسَنُ ۚ إِنَّ رَبَّكَ هُوَ أَعْلَمُ بِمَن ضَلَّ عَن

سَبِيلِهِ ۚ وَهُوَ أَعْلَمُ بِالْمُهْتَدِينَ)، أو تحريم أمر مُباح لم يرد نص بتحريمه؛ لذا يجب مراعاة الاجتهاد في العبادة كما وردت لنا لا نحدث فيها ولا نخترع ونسعى للتحلي بمكارم الأخلاق ومعاملة البشر بلطف ودعوتهم إلى دين الله باللين اتباعًا لسنة المصطفى ـصلى الله عليه وسلمـ؛ لنبقى على المنهج السليم ونبتعد عن المغالاة والزيادات.

المعيار في مدى خطأ الأمور أو صحتها ليس العقل البشري، فالعقول البشرية تتباين في اعتقاداتها؛ لذا يجب اللجوء لمعيار ثابت يضع حدودًا واضحة تفرق الصحيح من الخطأ وهذا المعيار يجب أن يكون معيار إلهي خرج من إله أحاط بكل شيء علمًا وهي حدود الإسلام.

نزل الإسلام ليتمم لنا مكارم الأخلاق وينزع من المجتمعات مكاره الأخلاق، فكان النبي ـصلى الله عليه وسلمـ خير الأنام خلقًا عُرف بالصادق الأمين، وكان قرآنا يمشي على الأرض.

الإسلام ليس دين أخلاق فقط؛ بل هو في المقام الأول دين عبادات؛ فأركانه الخمسة عبادات، وأول ما يسأل عنه العبد عبادة الصلاة، أخلاقك لا تكفيك للفوز بالجنة، وإنما هي مكملة للعبادات، لا نفي لقيمة الأخلاق، ولكن لا تطغي الأخلاق على العبادات لتحل محلها.

لطالما سعى الكفرة وأعداء الإسلام إلى الطعن فيه؛ سعيًا منهم لإيقاف انتشاره، لكن المأساة هي أن يطعنه متبعيه، ويحاولون تغيير مفاهيمه وتفسيراته؛ فيضل الناس حين يرون هذه الفتنة، الآن لم يعد الخوف على الإسلام من أعدائه، وإنما من متبعيه الجهال المدلسين.

السينما المصرية، والأعمال الدرامية، والفنية أصبحت تحمل على كاهلها عهد تضليل المسلمين عن الإسلام، يسعون لإثبات عدم فرضية الحجاب وقد فرضه الله في كتابه وإظهار الملتحين على أنهم إرهابيون وغيره من محاولات للتضليل.

القلق هنا لا يكون على من درس علوم الدين واتبع منهج أهل السنة والجماعة، ولكن القلق على من ليس لديه علم عن الإسلام الحق فيتبنون أول أفكار تُطرح لهم، فتكون تلك الأعمال السينمائية هي أول الأفكار التي تُبث إلى عقولهم عن الإسلام فيتبنوها أفكارًا لأنفسهم فيضللون بذلك.

أصبحنا في حاجة إلى واحدة من اثنتين للقضاء على هذه الظاهرة التي تدمر عقول الكثيرين، إما أن تسعى الدولة لتعليم كل الناس الإسلام الصحيح حتى لا تؤثر فيهم تلك الأعمال أو يقننون تلك الأعمال بما يتناسب مع الإسلام الصحيح حتى لا يُضلل الناس، والله ولي الذين آمنوا.

الفصل التاسع
كرة القدم

كرة القدم

نوشك أن نكتب -تقريبًا- على كل الأمور المهمة، كل ما هو مثير للجدل ومزعج ومسبب للخلافات، كل ما اختلف عليه الناس وتفرقوا بسببه، أتت اللحظة التي توجب علينا أن نكتب فيها عما يمتعنا، آن الأوان أن نكتب عما نحب ونهتم، آن الأوان لنكتب عن كرة القدم يا عزيزي.

نشأت كرة القدم لأول مرة في هولندا، وقد سميت حينها باسم الكرة الشاملة (Total football) لم تكن هناك اهتمامات بكرة القدم آنذاك، ثم بدأت بالتطور شيئًا فشيئًا.

أصبحت هذه اللعبة تؤثر في السياسة بشكل كبير، وتنقل الأفراد العاملين فيها من مستويات اجتماعية ومعيشية هالكة لأعلى مستويات الرفاهية مثل لاعبي دولة البرازيل، تنقل ثقافات الدول لبعضها فيحترف بعض اللاعبين خارج أراضيهم؛ لينقلوا ثقافاتهم لتلك الدول مثل اللاعب **محمد صلاح**، أصبح لبعض اللاعبين أصواتًا مسموعة في هذا العالم، وباتوا مؤثرين بشكل لا نهائي وسط الناس؛ كاللاعب **كريستيانو رونالدو**، تقوم لأجلها الحروب، وتغير حدود الدول الجغرافية، تدخل كل بيت، يشاهدها الجميع كبارًا وأطفالًا، رجالًا ونساءً، اجتمع الجميع على حبها بعدما اختلفوا حول كل شيء حتى أنها أصبحت توحد العالم.

توحد العالم على حب كرة القدم، ولكن اختلفوا في المعايير التي يحبون بها، هناك من انجذبوا لطريقة التيكي تاكا التي تلعب بها برشلونة، وهناك الذين ينجذبون لطريقة الهجمات المرتدة، هناك من أحب طريقة ماردونا في اللعب، وهناك من أحب أسلوب الساحر رونالدينيو، اختلفوا في طرق الحب ولكنهم أحبوها جميعًا.

على مر التاريخ أنجبت كرة القدم العديد من النجوم، واسمهم مدون في تاريخها ومحفور في قلوبنا، لكن يبقى القطبان الأهم في تاريخها كله أنهما الأسطورتان ليونيل ميسي و كريستيانو رونالدو.

اختلفت الآراء حولهما من حيث من منهما الأفضل، لكن تبقى الحقيقة مهما اختلفت الآراء أن ليونيل ميسي هو أفضل لاعب في تاريخ كرة القدم، حتى لو كان كريستيانو هو أعلى هداف للعبة؛ لأن معدل تهديف ميسي أعلى من معدل تهديف رونالدو، كما أن ميسي حاصلاً على مركز في كل شيء يتعلق بكرة القدم؛ كالتهديف، وصناعة الأهداف، والمراوغات، أما رونالدو فليس له مكان إلا وسط الهدافين.

لا إنكار لتاريخ رونالدو؛ فقد صنع تاريخًا، وحطم أرقامًا لا حصر لها، ولكن سبقه ميسي بخطوة، كما أن لكل أسطورة نهاية؛ فالإنسان يبدأ ضعيفًا، ثم قويًّا، ثم ينتهي ضعيفًا؛ لذا انتقال رونالدو إلى النصر السعودي أمرًا طبيعيًّا حالة كحال كل أساطير كرة القدم الذين ظلوا يمارسون اللعبة حتى تعبت أجسادهم، وهناك من اعتزل في مرحلة قوته قبل أن يصل إلى الضعف ولو انتظر قليلاً حتى ينتهي به الأمر ضعيفًا لوجدناه في صفوف أحد الأندية المتواضعة.

لعل ما ميز ميسي عن رونالدو الموهبة، موهبته التي جعلت حركته سريعة أسرع من الطبيعي؛ لذلك كان دائمًا متقدمًا على خصمه بخطوة أو بضع خطوات، أما الآخر فهو يجسد لنا نموذج الاجتهاد الذي يسعى ويجتهد في سبيل تحسين مستواه، وهذا أمر يقدره الجميع، يتعجبون كيف لنموذج الاجتهاد أن ينافس نموذج الموهبة.

الأمر بخارج الملعب يختلف عما بداخله، نحن ليس لنا إلا ما يمتعنا بداخل البساط الأخضر ومع نهاية حدود الملعب تنتهى حدودنا، ومع صافرة النهاية ينتهي وقتنا؛ لأن كرة القدم تبقى مصدرًا لرزق العاملين عليها

قد تجد فيها النفاق، والسرقة، والكذب، وكل شيء ممنوع قانونيًّا ومحرم شرعًا، ذلك الاحتمال ينطبق على الجميع حتى من ظننتهم أنت شرفاء أصحاب مبادئ، وارتكاب إحدى هذه الأخطاء لا يشير إلى سوء فاعله، فالبشر ليسوا معصومين مهما كانوا ملتزمين، ووقوع أيهم في الخطأ وارد جدًّا.

دعم بعض الشخصيات في كرة القدم لأمور سياسية، ووقوفهم في الجانب الظالم ينطبق عليه ما انطبق على ما سبق، أي إمكانية وقوعهم في الخطيئة، كما قد تكون هذه وجهة نظرهم بحق أي أنهم يدعمون من يرونه حقًّا، وجهات النظر والآراء تختلف، فكما تراه أنت يدعم الظلم يراك هو أنك تدعم الظلم وكل من أيدك.

الأسطورة **ليونيل ميسي** أظهر للعالم دعمه لليهود بني إسرائيل فتم اتهامه بالظلم والضلال، لكن ليس في ذلك ظلم ولا انحياز فهذه قضيته وهذه وجهة نظره التي يظن فيها الحق وربما يكون عالمًا بالحق، لكنه مضلل كلا الأمرين ممكنين، دعمه لليهود ليس مؤشر إطلاقًا على سوئه، وإنما مؤشر على فكره، وثقافاته، واعتقاداته.

دعنا نضيق النظرة من الكرة العالمية إلى الكرة المصرية التي قطبيها (الأهلي) و(الزمالك)، ذاك العراك الذي استمر لسنوات عديدة جدًّا، وتضمن خلافات كبيرة دخل فيها الجمهور.

الأهلي في مصر اكتسح المجال منذ أعوام مضت وفرصة لحاق أحد الأندية الأخرى به أصبحت صعبة جدًّا، فقد صنع تاريخًا وبطولات يفوق كل بطولات الفرق المنافسة له مجتمعة.

الأهلي هو الأول مصريًّا وتقريبًا إفريقيًّا، وربما عربيًّا هذا مما لا شك فيه، وليتنا نبقى المقارنة في هذه الحدود، أما عن توسيعها ومحاولة مقارنته

بفرق أوروبا كـ (ريال مدريد) فهذا عبثًا، ففارق المستويات واضح للجميع.

الأمر لا يُنظر له من زاوية عدد البطولات أبدًا، فلنعطي مثالًا للتوضيح.

لنفترض أنه في إحدى القرى أقيمت مسابقة سنوية حول أغنى 10 رجال في القرية، وظلت هذه المسابقة على مدار 10 أعوام وفاز نفس الرجل باللقب في كل عام، وكانت ثروته تقدر بـ 2 مليون دولار.

على الصعيد الآخر أقيمت مسابقة عالمية حول أغنى 10 رجال حول العالم، وظلت هذه المسابقة على مدار 10 أعوام، وفاز نفس الرجل باللقب في كل عام، وكانت ثروته تقدر بـ 200 مليار دولار.

هكذا هو الفرق بين الأهلي والفرق الأوروبية؛ فهو كذاك الرجل الأغنى في القرية و (ريال مدريد) كذاك الأغنى في العالم، فلا يستوى هذا وذاك في أي حال من الأحوال.

فوز الأهلي بالمركز الثالث في بطولة كأس العالم للأندية لا يعني أنه الثالث على العالم، وإنما يعني أنه المركز الثالث بين الفرق الثمانية المشاركة في البطولة، ولو أردنا أن نضع الأهلي في مكان يناسبه في أوروبا فيجب أن يوضع في الدرجة الثانية أو الثالثة في الدوري الإسباني أو الإنجليزي وسيكون الأمر صعبًا عليه، وسيكون له منافسون.

محاولة بيان مكانة الأهلي لوضعه في مكانه الصحيح لا يعني توجيه الحقد له أو تفوق غريمه (الزمالك) عليه، الأهلي أقوى لا محالة.

القوي، ما الذي يجعله قويًّا؟

المال هو ما يجعل فريقًا قويًّا وآخر ضعيفًا، انظر لحال كل الأندية الأقوى في بلادها ستجدها أندية غنية، القوة قوة المال فهو ما يكون الفريق ويجلب اللاعبين الأقوياء، والمدربين وطاقم العمل كاملًا ولا تكتمل القوة إلا بتوظيف كل هؤلاء بطريقة صحيحة، لا مكان للضعفاء وسط الأغنياء ولعل بعض تلك الفرق قد كسبت المال منذ بدايتها وهذا ما أعطاها القدرة على الاستمرارية كما هو حال معظم الأندية التي لها تاريخ، الفرق بين نادي (بيرميدز) و(الأسيوطي) هو المال وتغير حاله كثيرًا، ليس من الضروري أن يفوز الأغنى أو الأكثر إنفاقًا، ولكن المال يغير حال المنظمات تمامًا فنادي (بيرميدز) لم يفز ببطولة الدوري، ولكن أصبح ينافس عليها بعد أن كان يخشى الهبوط ولو تم إنفاق المزيد عليه ربما يصل للبطولة يومًا ما.

هيا نتخيل السيناريو!

✓ ماذا لو أصبح ريال مدريد فقيرًا لمدة 20 عامًا؟

✓ هل سيكون الأمر خلال تلك الفترة المفترضة كما هو الأمر الآن أو كما اعتدنا عليه؟

الإجابة: هي لا بالتأكيد، سيتغير كل شيؤ للأسوأ.

✓ لكن، لماذا لم تفز (باريس سانت جرمان) بدوري الأبطال على الرغم من كل تلك الأموال المنفقة؟

المال إن لم يمكن الفريق من البطولة فإنه يؤهله للمنافسة عليها على الأقل، كما أن الأغنى لا يعني الأقوى، ولكن يعني أنه يوضع بين المجموعة الأقوى من الفرق.

نذكر أيضًا أن المال هو العامل الأهم وله غالبية الفضل، ولكنه ليس العامل الوحيد؛ فهناك عوامل أخرى؛ كشخصية الفريق، وعراقته، وغيره من العوامل التي افتقر لها (باريس) ولعل هذا ما جعل الوضع ليس على ما يرام، ولكن لا ننسى المقدار الهائل من القوة الذي أعطاه له المال.

دعنا نقولها بحق المال ليس الوسيلة الوحيدة في طريق تقوية الفرق، لكنها واحدة من الوسائل، وكذلك أسرعها إنتاجًا، أما عن الوسائل الأخرى فقد تكون كتوظيف إدارة ذكية قادرة على الربح؛ لبناء الفريق أو قادرة على اكتشاف المواهب الناشئة.

تشجيعك للأقوى لا يشير إلى مدى ذكائك أو عبقريتك؛ لأن الأقوى هو غالبًا الأثرى والأغنى أو حتى يكون من بين المجموعة الأغنى، وتشجيعك للفريق المهيمن على الساحة والحاصل على عدد أكبر من البطولات ليس بالإنجاز هو الآخر، لكن يكمن الذكاء والعبقرية والإنجاز في تشجيع أحد الفرق المتواضعة المتأمل فيها بوجهة نظر شخصية أن تصل إلى مكان ومستوى أعلى إذا استمرت على طريقها كفريق (مانشستر سيتي) في بداياته أو على الأقل تشجيع فرق ذي طريقة لعب تمتع المشاهدين كفريق (أرسنال) أو (برشلونة)، هذه العبقرية لا تتواجد في الكثيرين؛ لأنها تحتاج شخصًا ذا بصيرة، وخبرة، ونظرة قوية، نحن لم ننل من كرة القدم إلا متعة مشاهدتها؛ لذا فلنستمتع بها ويكون ذلك عن طريق التشجيع بالكيفية التي سبق ذكرها.

كرة القدم مصدر رزق للعاملين بها، فكل الفوائد يحظون بها، وكل المساوئ تقع على أكتافهم فلنجعل الأمر هكذا ولنبقيه على فطرته، أما بالنسبة لنا فلا يصيبنا إلا المتعة بلا حزن في حالة الخسارة، فهم يتقاضون المال ونحن يكيفنا أن ندفع فاتورة الكهرباء أو ثمن كوب الشاي الذى نشربه في المقهى مقابل مشاهدة المباراة.

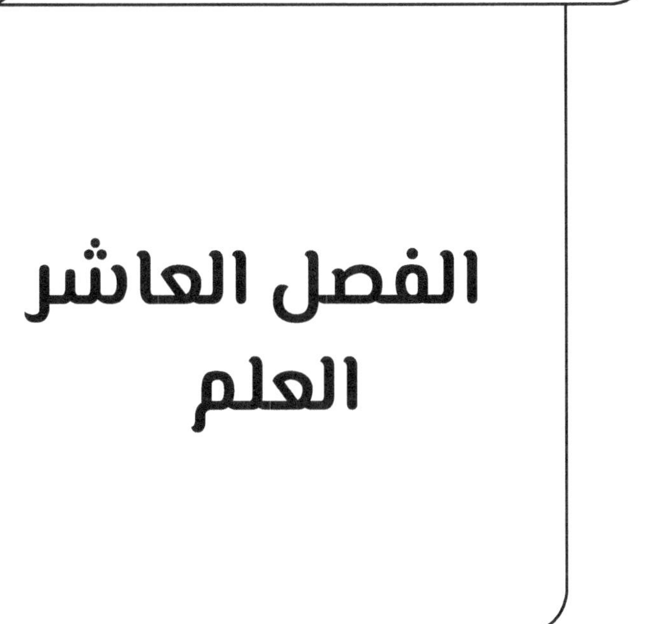
الفصل العاشر
العلم

العلم

لم يخلُ الإسلام يومًا من الفضل، فقوانينه تجوهَرَ فيها كل الفضل، ما أتى بشيء إلا كان به خيرًا وما أخبرنا بخير إلا وكان خيرًا، والعلم أحد تلك الخيرات التي أكد عليها الإسلام في عدة مواضع، فيقول النبي ـصلى الله عليه وسلمـ: «من اتخذ طريقًا يلتمس فيه علمًا، سهل الله له طريقًا إلى الجنة» ويقول «إن العلماء ورثة الأنبياء وإن الأنبياء لم يورثوا دينارًا ولا درهمًا وإنما ورثوا العلم فمن أخذه أخذ بحظ وافر» وكانت أول كلمة نزل بها الوحي على سيدنا وحبيبنا محمد ـصلى الله عليه وسلمـ هي اقرأ في قوله تعالى: (اقْرَأْ بِاسْمِ رَبِّكَ الَّذِي خَلَقَ).

العلم أحد أكثر الأشياء أهمية في الحياة، فيُقام عليه كل اختراع ناجح أو اكتشاف غير البشرية، وكل فكرة ذات قيمة تُطبق بالعلم، لا يوجد أمر على وجه الأرض استند بالعلم إلا وتألق، بداية من العلوم الشرعية والفقهية ومرورا بعلوم الطب، والهندسة، والتاريخ، والتغذية، والإدارة والجغرافيا، والفيزياء، ووصولاً إلى العلوم الرياضية، والمنطقية، والفلسفية.

فالإنسان يُعالج بالعلم، والبيوت تُبنى بالعلم، ووسائل النقل تُصنع بالعلم، ويعمل الإنسان بالعلم، ويعبد الله بالعلم، ويستدل على وجهة نظره إن كانت صحيحة بالعلم؛ فالعلم هو أساس الحضارة التي بناها البشر والحياة التي يعيشونها.

العلم جزء من الحياة نص عليه الشرع ولا يتعارض معه، فما أخبرنا به الشرع من العلم حق واقع؛ فالشرع مُنزل من عند إله مُنزه خالق للعلم والواقع، لكن الأمر يكمن في طيات النفس البشرية التي حُرمت من العصمة وتحتمل اجتهاداتها الخطأ، فكل علم أو نظرية أو مسألة خالفت الشريعة فهي محض اجتهاد خطأ يحتاج للتعديل حتى إذا ما عُدل بشكل

صحيح أصبح مطابقًا للشريعة، وما تم إثباته بالتجربة وما سيتم إثباته بالتجربة متفق وسيتفق مع الشريعة تمامًا.

العلم والتعليم أصبحا مصطلحان مرتبطان، العلم في بداية اكتشافه كان مازال يُنشئ ويُقام، ويُدرس أولاً بأول، الآن أصبح العلم كافيًا وزيادة حتى يُدرس بكمه الكبير وكيفه الصعب، وهنا ظهرت الحاجة لجعل ذلك التدريس في إطار منظم، وهنا نشأ مفهوم التعليم أو التعليم المؤسسي.

المدارس، والجامعات، والمعاهد، والندوات، وغيرها، هي نظم التعليم المتوفرة لتسهيل وتنظيم أخذ العلم، كما أنها معتمدة بدرجات ومعترف بها في كل أرجاء العالم، لكن نقولها بحق هذه المؤسسات ليست الوجهة الوحيدة لمن أراد أن يتعلم أمرًا، هناك أساليب أخرى غير معتمدة أي بدون شهادة تثبت التعلم، ولكنها تعطي العلم المطلوب الذي يتلقاه العقل؛ كمطالعة الكتب أو أخذ دروس على الإنترنت، أو غيرها من الطرق، الطريقة الأكثر فعالية وصحة لأخذ العلم هي التتلمذ على يد معلم موثوق بعلمه؛ فمطالعة الكتب تضع الإنسان تحت احتمال الفهم الخطأ للنصوص لأسباب نحوية، أو الفهم غير المقصود، أو تتعلق بعقل المتعلم ومدى قدرته على تلقى العلم من تلك الكتب.

التعليم ومراحله وصولاً إلى الشهادة أصبح جزءًا أساسيًّا من حياة البشر حتى يصل بهم الأمر إلى وظيفة يعملون بها في غالب الأحيان، أو يستخدم البعض علمه لينشئ به مشروعه الخاص، تلك الشهادة التي يحصل عليها الإنسان تساعده ليكسب عيشه.

إن تعليم المرأة من أهم الحقوق التي لا يجب بأي حال من الأحوال أن نمنعها منها أو الرجل؛ لأن التعليم ومراحله التي يمر بها المرء تؤثر في شخصيته وتخلق منه إنسانًا سويًّا قادرًا على الاستيعاب، والتحليل، واتخاذ القرارات، ولكن يجب أن تكون نوعية التعليم مناسبة لذلك.

ما يثير ضجة صيف كل عام هو ظهور نتيجة الثانوية العامة التي تتحول الأسر بسببها إلى قمة السعادة أو قمة الحزن، فشتّى الأمور موجودة وعليها اختلف الناس.

الثانوية العامة هي مرحلة من مراحل حياة الإنسان المنتسب للتعليم وهي بمثابة مرحلة انتقالية تحدد نوع المجال الذى سيكمل الإنسان دراسته فيه ويستعد للعمل به، التعليم كله كدرج بين طابقين والثانوية العامة هي السلمة الأخيرة والفاصلة بينهما.

النجاح في الحياة، وتحقيق الأموال لا يقتصر على المتعلمين ليس فقط الجامعيين، فهناك آلاف الأمثلة على ذلك من قصص النجاحات المختلفة، لكن الجامعة أيضًا قادرة على أن تهيئ أحدهم للنجاح؛ كالأطباء، والمهندسين، والمحاسبين المحاميين، فلولا مرورهم بالدراسة الجامعية لما حققوا نجاحًا في هذه المجالات التي تحتاج أن تُدرس أولاً.

الجامعة وحدها ليست كافية لإتمام نجاح الفرد، لكنها الخطوة الأولى والأساسية التي تهيئه للصعود في المجال، وهنا تكمن أهميتها، ويقع العاتق بعد ذلك على مدى قدراته من ذكاء لاستنباط وقدرة على التحليل والتطور.

ما يميز المتعلم الناجح عن البسيط الناجح في أن علمه مصحوبًا بالإبداع ينقله نقلة سريعة، كالطبيب الأمريكي (ايلون ماسك) المعروف لدى الجميع، تميزت حالة نجاحه عن أي حالة نجاح أخرى بأنها حدثت سريعًا وعلى شأنها حتى أصبحت بعيدة جدًّا كالنجوم عن أقرب حالة نجاح لها، واتسعت الفجوة بينه وبين من يليه.

تنسيقات الجامعات بعد نتيجة الثانوية وترتيب الكليات من الأعلى للأقل ليس ترتيبًا عبثيًا إطلاقًا، إنما الترتيب وافق مدى قدرة المرء على النجاح في المجال وصنع المال منه، فتتربع كلية الطب، والهندسة على

العرش نظرًا لعلو الفرص في مجالهما وكلما دنا تنسيق الكلية قلت فرص النجاح، مع العلم بأن النجاح متاح في كل المجالات، لكنه متباين الدرجات كما تم التوضيح.

أهمية التعليم ودوره في نجاح الإنسان لطالما كان واضحًا، لكن ينكره بعض من لم يتميز فيه، بجانب أن التعليم يكسب المال فإنه يساهم في تكوين عقلية الإنسان، ورفع قدرها وتنمية ذكاء الفرد، وخلق الوعي، وتأهيله للتعامل مع معطيات الحياة الحديثة وفتح أفاق جديدة للبحث فيها.

منظومة التعليم لن تنجح إلا إذا جعلنا التعليم نشاطًا ممتعًا حتى يسعى له الطلاب بشغف؛ فالمتعة مطلوبة، وهذه المتعة لا تتعارض مع الدين، ويجب خلق وإيجاد طرق حديثة لابتكار تلك المتعة بما يتفق مع الدين.

الاختلاط في التعليم بين الذكور والإناث يخلق نوعًا من الفتنة، فإذا تمكنت الفتنة من قلب الطالب ضعيف الإيمان أو قوي الهوى أدى به ذلك إلى الهاوية وانحرف عن التعليم وتوجه لما يغضب الرب، لطالما أخرجت دول الإسلام الكثير من العلماء أمثال: بن الهيثم، والبيروني، والخوارزمي، وغيرهم بنظم تعليم تتفق مع الدين وتخلو من المحرمات.

الاختلاط لا يسبب عدم الكبت كما يُظن، لدى البعض آراء بأن عدم الاختلاط يخرج طلابًا ذا ميول معتدلة ناحية الجنس الآخر، ولكن الحقيقة أن هذا الاختلاط يُمكّن الطلاب من تلبية الحاجات الشهوانية بطرق غير شرعية؛ كالمحادثات وغيرها؛ لذا لا تظهر عندهم اللهفة ناحية الجنس الآخر، أما المتحفظون يكون ذلك سبيل لإثارة الشهوة عنده وهذا يزعزع السكينة لديه، ويكفينا أن الإسلام حرم الاختلاط، وكفى بذلك سببًا.

الجهل هو مصدر كل المصائب ومن ترك العنان لجهله لم ينجه، الجهل تسبب بظهور الخرافات والبدع بداية من إيمانيات لا تتفق مع الشريعة ولا العلم ووصولًا إلى الابتداع في دين الله ـعز وجلـ.

البدعة هي كل أمر مُحدث في الدين لم يكن عليه النبي ولا أصحابه، ويقول النبي ـصلى الله عليه وسلمـ: «من أحدث في أمرنا هذا فهو رد عليه» ويقول «كل بدعة ضلالة وكل ضلالة في النار» ويقول أنس بن مالك ـرضي الله عنهـ: «من ابتدع في الدين شيئًا يظنه خيرًا فقد اتهم محمد بالتقصير»، لمعرفة المزيد عن مفهوم البدعة يُرجى مراجعة كتب العلماء.

انتشرت أشكال البدع في عصرنا الحالي من تبرك بالقبور، والاحتفال بالمولد النبوي، وقراءة الفاتحة على روح المتوفى، وغيرها الكثير من البدع التي لا تمد للإسلام بصله، وإنما هي من صنع البشر.

مشكلة البدع ليس في كونها ذنوبًا فقط يُحاسب عليها فاعلها، ولكن تكمن خطورتها في أنها تخلق على المدى الطويل دينًا جديدًا أو مذهب ضلال منحدر ومشتق من الدين الإسلامي وقد يصل الأمر بمعتنقين هذا المذهب الضلال إلى الوقوع في الشركيات كالشيعة والصوفية وغيرهم من أهل الضلال.

كثيرًا ما يخيم الجهل على الناس عند حكمهم ونظرتهم لبعض العبادات التي تتجلى في المظهر كاللحية والحجاب، فالبعض ينظر لتارك تلك العبادات من ناحية الاحترام والحقيقة أن العبادة الظاهرة سواء وُجدت أم لا فلا تتعلق بمدى احترام الشخص ولا ينظر لها في الإسلام من زاوية الاحترام وإنما هذه نظرة البشر.

الأمر الآخر ذهول البعض من رؤية الملتحين أو المحجبات يقومون بذنب ما فيحكمون على عبادتهم بالرياء أو ينظرون إليهم نظرة العصمة،

لكن يبقى الإنسان غير معصوم فقد يكون ملتحيًا أو تكون محجبة ولهم العديد من الذنوب فهم غير معصومين ولا يقومون بتلك العبادات رياءا وإنما التزموا بعباده ووقعت منهم أخرى نظرًا لكونهم بشرًا.

الأمر الثالث هو إعطاء الثقة المفرطة لصاحب العبادة الظاهرة كاللحية فيسبب هذا أمران، الأول هو وقوع الشخص في الخداع أو الغش من قبل الملتحي بعد إعطاءه الثقة التامة، الثاني هو التوجه لاتهام اللحية بالضلالة لأنها كانت السبب في إعطاءه الثقة مع أن الخطأ خطأه؛ لأنه لم يتوخى حذره ولأنه جهل أن الإنسان غير معصوم وقد يقع منه الغش أو الخداع سواء كان ملتحيًا أو حتى مقيمًا لليل.

الحجاب فرض على كل امرأة، واللحية سنة النبي الواجبة التي تعامل معاملة الفرض فيأثم تاركها ويجزى فاعلها، لكن أصحاب تلك العبادات وخاصة الملتحين يواجهون تلك النظرة البشرية الجاهلة فيحدثهم الناس عن مدى رداءة وسوء شكل اللحية على وجوههم ويُخبرون ويُؤمرون بحلقها، لكن الأكيد أن إرضاء الله هو الهدف أيًّا كان رأى البشر، ولعل الملتحين يزيد أجرهم عند الله كلما زادت الضغوطات عليهم.

من حسن إسلام المرء تركه ما لا يعنيه وبالتالي اعتزاله الحكم على الناس لا بمظهر ولا بجوهر حتى لا يصيب بجهالة، اعتزال الحكم على الناس من مكارم الأخلاق؛ فالمظهر قد يخدع والجوهر قد يُساء فهمه؛ لذا لله الظاهر ولله النوايا.

لم يستقطب مستنقع الجهل إلا كل الأفكار الخبيثة وسعى الخنازير لاتخاذ ذاك المستنقع وطنا لتلك الأفكار، استغل الخنازير الجهل لإقناع أصحابه بما يريدون من الخبائث باتباعهم الأساليب المنطقية والذى أدى لانتشار الخرافات والخزعبلات.

لمواجهة خطورة الجهل يجب التحصن بقوة العلم الذى يمكن صاحبه من تنقية الأفكار الداخلة إليه، يخلق العلم حاله من الوعى تقى الإنسان من خبث الخنازير، من تمتع بالعلم وتسلح به فاز ومن افتقر له جاز عليه الخطر.

الفصل الحادي عشر
السياسة

السياسة

السياسة كرقعة الشطرنج يسعى كل متسابق فيها للفوز، لا يلم بها إلا المحركون للقطع، قد يقترف أحدهم أخطاء أو كليهما، المشاهدون يفهمون ويتوقعون لكن لا قدرة لهم على تحريك قطعة، والعامة ممن لا يفهمون قواعد الشطرنج ولا يختلطون بها لن يفهموا أبدًا ما يدور في تلك الرقعة والأحداث بالنسبة لهم عبارة عن قطع تتحرك.

السياسة بحر عميق لا نقدر نحن العامة على فهمه وإن حاولنا، فهو صراع للوصول إلى العرش ولكل فريق استراتيجيته منهم من هو على ضلال ومنهم من هو على حق ويريد الخير للأمة.

الثورات الشعبية والانقلابات العسكرية على الحكام أحداث منحوتة على حجر التاريخ تحكمت في مجراه لولاها لكان التاريخ مختلفًا جدًّا عما هو الآن.

الأمر الذى لا يتقبله بعض أعضاء المجتمع العربي فيما يخص تلك الثورات وغيرها من أشكال الخروج هو أن ولى الأمر مادام مسلمًا يجب طاعته وإن جلد الظهر، وأخذ المال، وسجن، وزنا، وقتل إلا إذا أمر بمعصية حينها لا يُطاع؛ لأنه لا طاعة لمخلوق في معصية الخالق وعدم طاعته لا تعنى الخروج عليه، أما كل ما هو دون ذلك فيجب طاعته، الأمر لا يتعلق بشخص معين وإنما يتعلق بالمبدأ وصاحب السلطة أيًّا كان.

الخروج على ولى الأمر في شكل ثورة أو انقلاب أو محاولة نشر عيوبه في المجالس محرم شرعًا غير جائز، ويقول أهل العلم أنه لا يجوز الخروج على الحاكم المسلم بأي حال من الأحوال صالحًا كان أو طالحًا، أما من يجوز الخروج عليه هو الحاكم الكافر الذى يُستدل على كفره بالقرآن أو السنة أي يظهر منه كفر بواح عندنا من الله فيه برهان وقِيل يُنظر لقدرة الشعب

على إقالته أولًا فإنْ كان للشعب القدرة على إقالته بدون أو بأقل خسائر وسفك للدماء؛ فيجوز لهم الخروج عليه، أما إنْ لم يمتلكوا القدرة أو سيضحون في سبيل ذلك بأرواح المسلمين فلا يجوز لهم الخروج.

ولى الأمر وُهب العديد من الصلاحيات في الإسلام، فلا تُقام الحدود إلا بإذنه وليس لأحد حق في أن يقيم حد أو يعاقب عقاب لم يأذن به الحاكم، لا يقوم الجهاد إلا بإذنه، ولا يفرق بين السلب الحلال والغلول الحرام إلا أن يأذن الحاكم بأخذ مقتنيات المحارب المقتول، له الصلاحية في أن يأمر الناس بإتمام الفروض والواجبات كالصلاة أو الحجاب للمرأة واللحية للرجل، ولا يحق لغيره أن يفرض على أحد من الخلق شيئا، فإن أمر بواجب أصبح الواجب واجبان طاعة لله أولا و أخرى طاعة لولى الأمر، ويُطاع إذا أمر بفعل مستحب أو بتركه أو قيد مباح مادام لم يأمر بمعصية، لا يعقد عهد مع أهل الذمة إلا هو ولا يُعتد إلا بالشروط التي يقررها، لا تُقام حاجة دنيوية في الدولة إلا بأمره أو بأمر وزرائه إذا كان قد رخص لهم ذلك، ولا يحكم بين الناس إلا هو أو من ينيب عنه بإذنه كالقضاة.

يقول النبي -صلى الله عليه وسلم- «**الدين النصيحة**»، قِيل لمن يا رسول الله، قال «**لعامة المسلمين وأُمَّتهم**»، النصيحة للعامة لها ضوابط تُقال في حدودها، أما نصيحة الأئمة لها ضوابط أكثر فتُقال النصيحة بالسر حتى لا يهيج الناس ولو كان منكرًا علنًا فيجب إنكاره بالسر كمراسلة الإمام أو الحديث إلى من يمكنهم الوصول إليه ويُراعى فيه الاحترام، أما بالنسبة لنا العامة من لا نمتلك صوتًا مسموعًا، والإنكار والنصيحة لن تصل إلى الإمام فيجب علينا التزام الصمت نظرًا؛ لأن النصيحة لن تفيد وقد تضر بأن تثير الفتنة بين الناس عند تنبيههم بمنكر الإمام.

ولا نعلم مثلاً في طاعة ولي الأمر أفضل من الإمام (**أحمد بن حنبل**)، فقد سُجن وعُذب وجُلد بأمر من سلطان زمانه حتى يقول أن القرآن مخلوق، ورفض قول ذلك وتحمل العذاب حتى لا يتبعه الناس في الباطل، ومع ذلك لم يكفر إطلاقًا السلطان -على الرغم من كفر من قال أن القرآن مخلوق- ولم يسعَ لتهييج الناس عليه وكان يقول «**لو أن لي دعوة واحدة مُستجابه لصرفتها للسلطان**»؛ لأن بصلاحه صلاح المؤمنين، الإمام أحمد وغيره من السلف الصالح هم القدوة ويجب الاقتداء بهم لأنهم على المنهج الصحيح،

الخروج ليس ضلالة جديدة في الإسلام؛ بل إنه قديم بعمر الدين نفسه، لطالما كان لكل عصر خوارجه، قد خرجوا على عمر بن الخطاب من قبل، وهو الفاروق وعُرف عن عدله ما عُرف؛ بل خرجوا على عثمان وعلي، ولم تخلُ دول الخلافة من الخوارج، فكيف للناس أن يخرجوا على بن الخطاب ولا يخرجوا على من هو أدنى منه عدل وحرص على المؤمنين كحكام هذا العصر!

أُنزل الشرع الشريف من عند إله خالق لكل شيء ونقله لنا نبي كريم لا ينطق عن الهوى والشرع هو مرجعية المسلم السليم وهو الحق لا محالة.

الوضع الاقتصادي ومسائل الرزق حتمية أي أنه سيأخذ كلَّ رزقه في الدنيا بالتمام وإن حكمنا عمر بن الخطاب أو حتى فرعون، لا بطش لآدمي في الرزق فلا يمنعه ولا يعطيه إنما الرزاق هو الله، هذا ما جاء به الوحى المُنزه المعصوم الكامل فلا داعى للضجة أو الجدال، كما أننا لم نُصَب في ديننا في العالم الإسلامي وخاصة مصر، لم نُمنع مساجد الله ولم نُؤمر بإفطار رمضان، لم تتوقف رحلات الحج ،ولم نُجبر على شرب الخمر، كما أن اعتياد التذمر يميت الإنسان على عدم الرضا.

يطمع الإنسان فيما لا يستحق، عندما كان رسول الله هو قائد المسلمين وإمامهم كان المحكومين هم الصحابة كما أن رسول الله معصومًا بأمر إلهي ليس مثله بشر، ومن يرغب في نصر كنصر خالد بن الوليد عليه أن يكون كرجاله قوةً وإيمانًا؛ لذا يجب العلم بأنه كما تكونون يُولى عليكم، لا يُطلب الحق من قبل أهل الباطل التغيير يبدأ منّا ويعود علينا بالخير؛ لذا وجب علينا التغيير قبل أن نطلبه،

الحكم بالشريعة الإسلامية هو الأصل في بلاد الإسلام، والدعوة له واجبة لا اختلاف على ذلك، ولكن مسلمو هذا العصر لن يجدوا الراحة في حكم الشريعة إطلاقًا؛ لأن تحكيم الشريعة تقضى بقتل تارك الصلاة، أو سجنه حتى يصلي، قطع يد السارق، وجلد الزاني أورجمه، فرض الحجاب الشرعي الكامل على نساء المسلمين، دفع الزكاة عنوة وبالإجبار، إقامة الجهاد وأمور أخرى كثيرة، وكثير منّا لا يريدون حدوث هذه الأمور، هم فقط يريدون إمامًا عادلًا يُحسّن الظروف الاقتصادية، ولكن لو أردنا إمامًا عادلًا علينا أن نرضى بكونه عادلًا في كل شيء، ومن شأن عدالته إقامة شرع الله، وهذا الشرع لن يُرضي معظمنا.

من أشد مساوئ السياسة التستر تحت ثوب الدين لتحقيق المصالح وهذا يخلق عقيدة الضلال، تلك الأحزاب التي تتحدث باسم الدين ولم تنشأ إلا للخروج على الحاكم تتحدث باسم الحق حتى تبرر الضلال وهذا من حقارة السياسة وطمع الوصول للعرش؛ فالإيمان الحق يقضي بأن يحترم المسلم ولى أمره و أن يكف عن أمور الخروج ويدعو الناس للكف عنه، وكذلك أن يبتعد عن السياسة والدخول في تلك الأحزاب السياسية أو الكلام تحت رايتها.

الانتخابات هي الأسلوب المُتبع لاختيار ولي الأمر، ولكنها ليست الطريقة الأفضل للاختيار، معظم المنتخبين فاقدون للكفاءة على اختيار

ولى الأمر، فهناك من ينتخب من يدعم مصلحته الشخصية، ومن ينتخب بطريقة عشوائية ومن ينتخب بناءً على مشاعر الحب والكره، لا يوجد إلا عدد قليل من الناس يتمتعون بالقدرة على اختيار ولى الأمر، ومشكلة الانتخابات أنها متاحة للجميع وعلامة الأمة له صوت مساوٍ لسفيه الأمة، وأولئك الذين لا يملكون كفاءة الاختيار بحكم أنهم الأكثر عددًا باكتساح فإن أصواتهم هي الفارقة في تحديد من سينجح في الانتخابات؛ ليكون ولى الأمر.

مهما كان الاعتقاد عن شخص ما أنه يصلح للحكم يبقى هذا الظاهر عليه الذي سمح لنا برؤيته، والحقيقة أنه لا علم لنا عن حقيقته لا نعرف ورعه ولا التزامه ولا علمه ولا مدى قدرته القيادية، عند الرجوع إلى الأصل في اختيار ولى الأمر نجد أن المبايعة هي الطريقة الشرعية لاختيار أولياء الأمور، فيأتي جماعة من علماء المسلمين وعقلائهم المعروفين باسم (**أهل الحل والعقد**) ويقومون بمبايعة شخص معين لولاية أمور المسلمين.

الشباب غير قادرين على إدارة الدولة، الشباب من سن (**20**) حتى سن(**45**) قادرون على أداء المهام لقدرتهم على الأداء وبذل الجهد وامتلاك القوة اللازمة للأداء، لكنهم لا يتمتعون بكفاءة الإدارة، لاحتياج تلك الإدارة لعنصرين مهمين هما: الخبرة والحكمة، وبحكم أن الشباب ما زالوا في مرحلة اكتشاف النفس وتطوير الذات واكتساب الخبرة وتعلم الحكمة فهم ليسوا مؤهلين للإدارة، ولكنهم قادرون على أداء المهام تحت القيادة والإرشاد، وهذا يؤهلهم فيما بعد للقيادة، أما المؤهلون للقيادة هم الرجال -على سبيل التخمين- من عمر (**45**) أو عمر (**50**)، فهم في أوج حكمتهم وخبرتهم وأعلى مستوى للقدرات الذهنية حتى يتقدم بهم العمر كأن يصلون (**70**) وتقل جودة تلك القدرات ويفقدون الكفاءة.

من أهم قضايا العصر الذي اجتمع عليها العرب المسلمين أصحاب النخوة والمبادئ هي قضية القدس، القدس لا يُنظر إليها على أنها قضية أرض أو قضية شعب، وإنما يُنظر إليها على أنها قضية دين وإسلام.

القوه الإسلامية الحالية غير قادرة على مجابهة القوة الداعمة للكيان الصهيوني وإن كان الحال في غزة مأساوي، لكن الجهاد وإعلان الحرب له شروط؛ فالأصل في الجهاد النصر وجُعل الجهاد لخدمة الإسلام والمسلمين لا الضرر بهم، كما أن الجهاد في حالة عدم الاستعداد قد يؤدى بالإسلام إلى الهاوية وهذا ما يُخشى عليه.

على الجميع التيقن بأن الشرع وضع شروطًا للجهاد ولا ينزل تلك الشروط على أرض الواقع إلا خواص العلماء، حتى لا يُصيب التسرع المسلمين في هذا الأمر؛ فالحروب تدمر الدول يجب الرجوع إلى فتاوى خواص العلماء فيما يتعلق بالجهاد، لمعرفة المزيد عن الشروط يُرجى مراجعة فقه الجهاد.

مناشدة حكام المسلمين بنصرة أهلنا في فلسطين تنبع من أعماق الإنسان المسلم الذى ينهش فؤاده رؤية الظلم وتحركه النخوة، لكن اتهام الحكام بالضعف والخنوع وتهييج الشعوب هو من الخطأ، الحاكم هو ولي الأمر والمسئول، ويقع تحت مسئوليته مصير شعب بأكمله وهو الأدرى بالصالح لشعبه، وإعلان الحرب من صلاحياته.

اعتاد العامة على إبداء آرائهم في القرارات السياسية، كعدم فتح معبر رفح لشعب فلسطين، فكل من اختنقت حنجرته بكلمة سعى جاهدًا لإخراجها، وأصبح الجميع يبدي رأيه في العلن وبلا حساب، القرارات السياسية مَتروكة لأهل القرار ويجب احترام ذلك؛ لأن أهل القرار هم ذوو الخبرة والعلم والأدرى بأي القرارات أصلح ولهم الصلاحية في ذلك؛ لذا يجب احترام تلك القرارات وعدم السعي الدائم لتشويه صورة متخذها.

من الأمور التي أتردد في كتابتها ولكن أكتبها إحقاقًا للحق وللإخبار، يقول الشيخ **عثمان الخميس** وغيره العديد من العلماء عن جهاد حركة حماس في بدايتها أنها انتحار، وأن الميت فيها منتحر؛ لأن النفس المسلمة عزيزة عند الله ولا يجوز إهدارها بهذه الطريقة، أما الجهاد الحالي لحركة حماس حتى لا يُشار إليه فالله أعلم به ونتمناه جهادًا صحيحًا بإذن الله، لكن يُنتظر فتوى أهل العلم فيما يتعلق بصحتها.

حماس ليست منظمة إرهابية، فهي تدافع عن أرضها وشعبها، لكن يُؤخذ عليها أنها قد تكون لم تجهز من القوة اللازمة لردع الأعداء؛ فتصبح خسائرها أكبر من خسائر الأعداء، وربما تكون لم تستوفِ شروطِ الجهاد، وعدم تأمين المواطنين الأبرياء؛ لأنه طالما عُرف عن الكيان عدم النزاهة، وفي المقابل فقد أمر رسول الله _صلى الله عليه وسلم_ بعدم قتل شيخًا أو طفلاً أو امرأة، وعدم قطع شجرة مثمرة، وعدم قتل بهيمة إلا للإطعام، فلا نقدر على رد انعدام الشرف لهم فكان يجب الاحتياط من انعدام شرفهم.

مقاطعة المنتجات الإسرائيلية إحدى الأسلحة التي قد تكون وسيلة ضغط على ذاك الكيان، لكن لعل المقاطعة تضر بنا أكثر مما تضر بهم، تلك المطاعم والمقاهي التي يُقال أنها تدعم الكيان يعمل بها مواطنون من أبناء جلدتنا ولديهم عائلات ومسئوليات وهي مصدر لرزق العديد من الناس والمقاطعة تضر بهم، كما أن حقيقة رجوع أرباح تلك الشركات إلى الكيان فلا يوجد دليل قاطع يثبت هذا.

وإن كانت تذهب أرباح تلك الشركات إلى الكيان ولا تضر بمصالح عمالها لتوافر فرص أخرى لهم في حالة المقاطعة، فلا يوجب أحد على أحد المقاطعة حتى تصدر فتوى بوجوبها؛ فالأصل في الأمور الحل حتى يرد نص أو تصدر فتوى بتحريمها، كما أن سنة النبي _صلى الله عليه

وسلم_ لم يرد ما يشابه ذلك وقد كان في حروب دائمة ضد اليهود والمشركين.

وإن كانت المقاطعة سلاحًا لا يضر بالمسلمين على الإطلاق ويضر بالكيان وفيه تشجيع للمنتج المحلي على النهوض والإعلان عن نفسه وتقدمه لمصاف المنافسة فيمكن لأيٍّ كان أن يقاطع وأن ينصح غيره بالمقاطعة، لكن لا يوجبها أحد على غيره ولا يُنظر لتارك المقاطعة نظرة الخائن أو المذنب فتخيب نظرة الناظر.

الأمر الأكثر حسرة هو انحرافات الشعب في الدعم، كلما جد جديد يتعلق بالقضية من بعيدًا اتجهوا للحديث عنه وتركوا لب القضية ليتحول الأمر من قضية دين إلى قضية أشخاص أمثال: **محمد صلاح ومحمد رمضان وبيومي فؤاد.**

انتقاد المكروه يهيّج العاطفة، فعند انتقاد أي شخص سواء كان حاكمًا او شخصية عامة، أو أي فكرة مكروهة تهيج مشاعر الكارهين ويزيد الكره كرهًا، ويُخلق بهذا على المدى الواسع الفتن.

تحرير بيت المقدس لا يقع مفتاحه في منشور ل (محمد صلاح) على مواقع التواصل الاجتماعي، الكتابات لن تحمل السلاح وتحارب ولن تقتل الأعداء، واتهامه بالتواطؤ والخيانة والشك في وطنيته من سوء الظن، والاتهام الباطل يُجعل له به مظالم تُرد له ثمنها يوم القيامة.

لعل محمد صلاح عنده أسبابه التي دفعته للصمت وعدم الكلام، منشورك الذى لا يراه إلا بضع أشخاص لا يتساوى مع منشور سيراه العالم أجمع، ليس عليك من الضغوط مع عليه هو، أنت تجلس في غرفتك تحت سقف بيتك في أمان، كلمتك غير مرئية ولا مسموعة على عكسه، ولو كان باع القضية واتخذ موقف الحياد فهذا يبقى مبدأه وله حرية الاختيار، فلم

يوليك الله رقيبًا عليه، فإما نصيحة بالمعروف أو التزام الصمت، بما أن نصيحتك لن تصله فُيفضل الصمت.

وهنا بالتحديد تستحضرني قصة سيدنا موسى وسيدنا الخضر، فعندما خرق سيدنا الخضر السفينة كان من الواضح جدًّا أنه يخرقها ليؤذي أهلها وهذا كان حكمنا جميعًا لو كنّا مكان موسى، لكن بحكم أننا بشر فلا نرى الصورة كاملة ودائمًا يوجد حلقة مفقودة، والإيمان بهذا يخرجنا من الفهم الخاطئ للمواقف أو التسرع في الحكم أو الإتيان بظلم، فمهما بدا الأمر واضحًا ولو رأيته بأم عينيك فقد يكون فهمك خاطئ أو ناقص لما رأيته، وترك الحكم أولى وأنصف وأطهر.

انتشرت مواقف محمد صلاح التي تخالف الشريعة كعناقه إحدى الفتيات الأوربيات وتعزيته في الملكة (إليزابيث) ومولاة الكفار واحتفاله بالكريسماس معهم وغيرها من المواقف، لكن يجب الإدراك بأن ذلك قد يكون لسبب من عدة أسباب، أولهم: أن يكون محمد صلاح غير ممسك على دينه وهذا وارد لكونه بشرًا، والثاني: أن يكون جاهلاً لحرمانية بعض الأمور التي يقوم بها، والثالث: أن يكون معتبرًا هذه الأفعال جزء من ثقافة المجتمع ولا يعلقها بالدين، أما الواجب عليك ألا تنظر له على أنه نبي ولا يُعتبر محمد صلاح ممثلاً للإسلام في أوروبا فهو ليس داعيًا، وإنما يُعتبر ممثلاً للكرة المصرية هناك.

أصبحنا في حاجة ماسة للكف عن مهاجمة هذا اللاعب الذي أصبح محل انتقاد دائم، كما أن هناك مسلمين آخرين يفعلون كما يفعل (أشرف حكيمي ورياض محرز) وغيرهم من اللاعبين، ولم يتعرضوا لأي هجوم، لكن هذا الحال دائمًا لا يُهاجم إلا الأكثر نجاحًا.

هذا ينطبق على مواقف سائر البشر تجاه القضية لا تحكم على من تحدث بالرياء ولا على من سكت بالخذلان، عليك فقط أن تعتزل الحكم حتى لا تتراكم عليك مظالم للناس يستردونها منك يوم الحساب، كما أن البشر ليس بيدهم شيء فالأمر بيد الله إن كتب لنا النصر سيكون وإن تأخر النصر فهذا قضاء الله، ولنعد لجوهر القضية ونترك السخافات ونتبع المنهج السليم لدعم القضية.

الإنسان يجب عليه أن يعيش مادام يتنفس، لا تنسى قضية الإسلام ولا تتوقف عن الإيمان بها واستعد للجهاد إذا أمر وليّك، لكن لا تعتزل الحياة لأجل هذا فهذا لا ينفع، اعمل، وعش حياتك، وتمتع بها فاعتزالك لا يفرق شيئًا، ولا تهاجم من يتمتع بحياته فهو لم يقترف منكرًا ولا خالف شريعة.

المنهج السليم لدعم القضية يكمن في عدة أمور بسيطة جدًّا وهي أولًا: ترك المحرمات لوجه الله والابتعاد عن طرق الدعم المحرمة كتلك الأغاني الوطنية التي تحوي المعازف، والرجوع إلى الله تبارك وتعالى وإقامة فروضه فلا ينصرنا الله إلا إذا نصرناه، فيقول عز وجل: (يَا أَيُّهَا الَّذِينَ آمَنُوا إِنْ تَنْصُرُوا اللَّهَ يَنْصُرْكُمْ وَيُثَبِّتْ أَقْدَامَكُمْ)، كذلك لنستعيد القوة الإيمانية للمسلمين التي كانت سببًا أوليًّا من أسباب نصر المسلمين الأوائل.

كان عمر بن الخطاب إذا كتب إلى سعد بن أبي وقاص رضي الله عنه أحد قادته الكبار وهو بطل القادسية، أوصاه قائلًا: " أما بعد فإني آمرك ومن معك بتقوى الله على كل حال، فإن تقوى الله أفضل العدة على العدو، وأقوى المكيدة في الحرب، وآمرك ومن معك أن تكونوا أشد احتراسًا من المعاصي منكم من عدوكم، فإن ذنوب الجيش أخوف عليهم من عدوهم، وإنما ينصر المسلمون بمعصية عدوهم، ولولا ذلك لم تكن لنا بهم قوة؛ لأن عددنا ليس كعددهم، ولا عدتنا كعدتهم، فإذا تساوينا

في المعصية كان لهم الفضل علينا في القوة، وإلا نُنصر عليهم بفضلنا لم نغلبْهم بقوتنا".

كان النصر للمسلمين في غزوة أحد حتى تمت مخالفة أوامر رسول الله فانقلب النصر لهزيمة، هذه هزيمة لمخالفة أمر واحد من أوامر النبي، ومن خالفوا هذا الأمر كانوا يتبعون سنته في كل شيء، فكيف يكون الأمر اليوم ونحن نخالف أوامره في كل شيء وتركنا السنة وابتدعنا في الدين.

السعي لنشر العلم وخلق الوعي في الأوساط الإسلامية حول قضية بيت المقدس والأهمية التاريخية والإسلامية للقدس بات ضرورة لإنشاء أجيال تؤمن بالقضية بناءً على علم وإدراك وتحمل الغضب والسخط على العدو المحتل حتى يتجنبوا التصهين والضلال، ويتمسكوا بالعقيدة السليمة.

الحرية وهزيمة الكيان هو أمر مُقدر لا محالة، ولكنّها مسألة وقت لا غير فهذا وعد الله وكل وعود الله حقًّا واقعة، والقتيل منهم في جنهم، والقتيل من أصحاب الأرض نحسبه من أهل الجنة الشهداء، فأصحاب الأرض منتصرون في كل الأحوال، إما أن يستعيدوا أرضهم أو يموتوا شهداء فكل أمورهم نعيم، نحن من نقع تحت الخطر سنُسأل أمام الله ما الذي قدمناه للإسلام؟ وكيف هي عقيدتنا؟

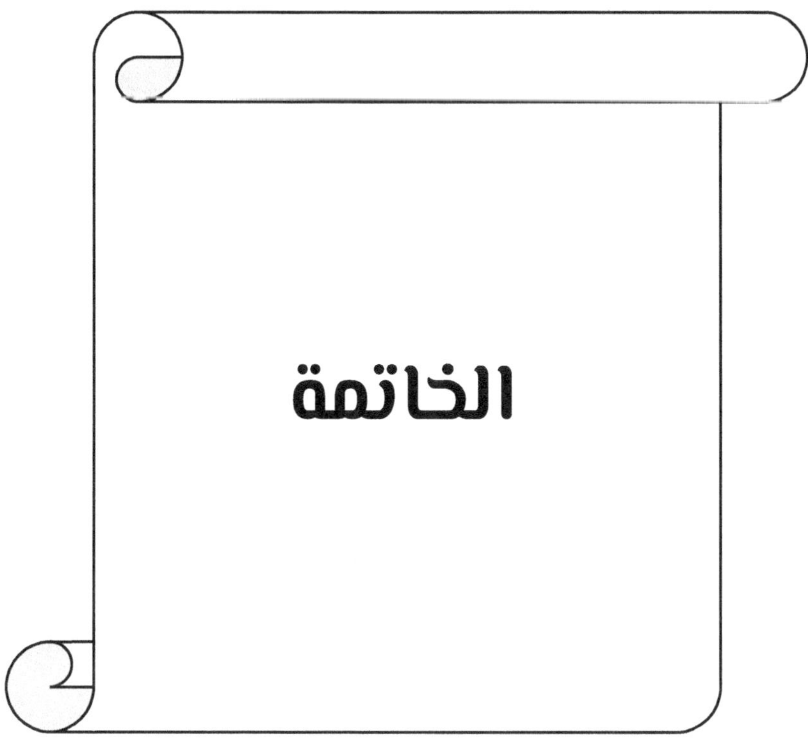

الخاتمة

أخيرًا وليس آخرًا أيها القارئ الجميل، لعل يكون لنا لقاء آخر إن شاء الله، لكن بهذا القدر نكون قد أوصلنا لك كل ما نريد إيصاله حاليًا، وأريد التنويه إلى أن الأسلوب النقدي كان له فضل في تنسيق الفقرات بهذا الشكل، فقد استعملته في نقد كل فقرة أكتبها؛ فجعلت أنتقد نفسى حتى أصل إلى ذروة الفكرة.

أرى في عينيك نظرات الجدل والاختلافات الفكرية التي تحملها لهذا الكتاب، لكنّى لا أبحث عن جدل أو إثارة ولا بأس بالنقاش، هذه أرائي وقناعاتي دعمتها ببعض الأدلة، سواء اتفقت أو اختلفت مع هذه القناعات فرأيك يُحمل على الرؤوس.

وأي فكرة تم طرحها في هذا الكتاب تخالف نصوص الشريعة فهي فكرة باطلة، وإن حدث ذلك تيقن بأني جهلت نص الشريعة الذى يثبت بطلان فكرتي، كما أعتزل هذه الفكرة الخطأ وأغير قناعاتي وفقًا لما جاءت به الشريعة تحقيقًا للاستسلام، ووجوب السمع والطاعة.

وأتمنى من الله ـعز و جلـ أن يقودني إلى ما فيه نفع ويبعدني عما فيه ضرر، وأن يجعل كلماتي هادفة توافق الحق لا تخالفه، وأن يتجاوز عمّا بدر مني من الخطأ.

والله ولى التوفيق.

المراجع

تم الرجوع للكثير من فتاوى العلماء وشرحهم لبعض الآيات والأحاديث عبر مقاطع اليوتيوب لتحري الحق من الباطل والاستشهاد بها، كما تم الرجوع إلى وقائع وأحداث واقعية والكثير من الناس على علم بها.

الفهرس